나는 오늘도
왕관을 쓴다

국내 최다 타이틀 보유자 이예령이 알려주는 미인대회 우승 공략법

나는 오늘도 왕관을 쓴다

초판 1쇄 인쇄 2020년 4월 3일
초판 1쇄 발행 2020년 4월 8일

지은이 이예령

발행인 백유미 조영석
발행처 (주)라온아시아
주소 서울특별시 서초구 효령로 34길 4, 프린스효령빌딩 5F

등록 2016년 7월 5일 제 2016-000141호
전화 070-7600-8230 **팩스** 070-4754-2473

값 15,000원
ISBN 979-11-90233-84-2 (03190)

라온북은 독자 여러분의 소중한 원고를 기다리고 있습니다. (raonbook@raonasia.co.kr)

나는 오늘도
왕관을 쓴다

이예령 지음

RAON
BOOK

163cm의 대한민국 평범한 여자,
10번의 왕관을 쓰다

사람들은 나를 처음 만나면 이렇게 말하곤 한다.

"미인대회 10관왕요? 그게 가능한가요?"

"생각보다 체구가 아담하신데요?"

"되게 화려하실 줄 알았는데 생각보다 외모가 엄청 화려한 편은
아니시네요."

"그런데…… 10관왕을 할 수 있었던 비결은 도대체 뭐예요?"

사실 나는 가진 게 별로 없는 사람이었다. 어려운 집안 형편, 작
은 키, 평범한 외모. 소위 내세울 만한 스펙이 딱히 없는 그저 그런
여자였다. 스물한 살, 발버둥쳐도 크게 달라지지 않는 현실에 자존
감이 나락으로 떨어져 있을 무렵 우연히 미인대회에 출전했다. 그
러나 첫 대회에서는 서류 탈락을 했고, 두 번째 대회에서는 예선 탈
락의 고배를 마셨다.

그리고 나니 세 번째 대회에서는 묘한 오기가 생겼다. '그래, 까
짓것 네가 이기나 내가 이기나 해보자.' 근처 한복집에 가서 한복을

빌리고 인터넷 검색을 통해 지역 출장 메이크업을 예약했다. 미인대회 출전자들의 동영상을 보고 따라 하며 연습했다. 결과는 4등!

수상을 하고 나니 바닥까지 잔뜩 떨어졌던 자존감이 일시에 확 올라갔다. 왠지 다음번엔 더 높은 등수를 얻을 수 있을 것 같다는 승부욕과 자신감이 생겼다.

그 다음 해에 출전한 대회에서는 출전자들 중 내 키가 가장 작았다. '어차피 작은 키가 극복할 수 없는 단점이라면, 다른 부분으로 승부를 보자!'라는 생각으로 자기소개를 수십 번 쓰고 고치길 반복했다. 대회와 관련된 것들은 툭 치면 나올 정도로 달달 외웠고, 합숙 기간 동안 긍정적인 생각으로 마인드 컨트롤을 했다. 내 '키'는 가장 작아도 내 '끼'는 가장 크게 보여주겠다는 생각으로 군무도 열심히 연습해 메인에 섰다. 대회 당일, 가장 작은 후보자였던 나는 장신의 후보들을 제치고 2등의 왕관을 쓰게 되었다.

그렇게 꾸준히 미인대회에 도전해온 지 10여 년이 지난 지금, 몇 번이나 1등의 주인공이 되었고 '대한민국 최다 미인대회 수상자'라는 타이틀을 가지게 되었다.

내가 처음 미인대회를 지원할 때만 하더라도 이와 관련된 정보를 자세하게 알려주는 곳이 없어 맨몸으로 맞설 수밖에 없었다. 망망대해에 길을 잃고 표류하는 배처럼 거친 파도에 사정없이 흔들렸고 암초에 걸렸다. 때로는 큰 돌에 부딪히기도 했다. 하지만 포기하지 않았고, 결국에는 목적지에 도착할 수 있었다.

나는 나와 비슷한 길을 가려는 사람들이 길을 헤매지 않게 도와주는 등대 역할을 해주고 싶다. 이것이 내가 이 책을 쓰게 된 이유다.

이 책은 궁극적으로 미인대회 수상과 더불어 퍼스널 브랜딩에 활용할 수 있는 방법을 알려주는 세부 가이드이자 지침서다. 10여 년간 다수의 미인대회에 출전하고 10개의 타이틀을 수상하기까지 시행착오를 겪으며 얻은 나만의 노하우와 학생들을 가르치며 얻은 경험치를 녹여냈다.

1장은 미인대회 출전과 수상이 줄 수 있는 다양한 이점, 2장은 미인대회에서 수상하는 사람들의 특징과 그들의 스토리를 수록했다. 3장은 미인대회에 출전하기 전에 꼭 알아야 되는 가장 기초가 되는 내용들을 담았고, 4장은 미인대회 예선과 본선 진출을 준비하며 필요한 실전 정보들을 제공하고 있다. 5장은 미인대회에 출전하는 사람들이 놓치거나 잘 알지 못하는 팁과 노하우들, 즉 미인대회 필승 전략 포인트를 담았다. 6장은 미인대회 수상에서 한 발 더 나아가 인생과 커리어를 바꿔줄 퍼스널 브랜딩하는 방법을 알려준다.

부록에는 많은 사람들이 미인대회에 관해 궁금해하는 점을 속 시원히 답해주는 Q&A 코너와 함께 세계대회에 참가하는 사람들이 알고 있어야 할 유용한 정보도 담았다. 단언컨대 미인대회에 처음 출전하는 사람부터 이미 출전은 해보았지만 아직 수상을 하지 못한 사람까지 이 분야에 관심이 있는 사람이라면 누구나 많은 정보를 얻어갈 수 있는 책이라고 확신한다.

미인대회는 단순히 외적인 것만을 판단하고 평가받는 것이 전부가 아니다. 자존감을 극복하는 무대이자 내 가치를 올릴 수 있는 장이다. 그래서 나처럼 잃어버린 자존감을 회복하고 싶은 사람, 자신의 가치를 올리고 싶은 사람들이 이 책을 읽고 자신만의 장점과 무기를 찾아 밖으로 최대한 끌어낼 수 있었으면 좋겠다.

미인대회 출전자치고는 작은 키에 그저 평범하고 자존감이 낮았던 나도 했는데 과연 누가 못하겠는가. 그 무대에서만큼은 모두가 주인공이다. 각자의 스토리를 쓰고, 멋진 의상을 입고, 개개인이 가진 재능을 마음껏 표현하며 각양각색의 빛을 뿜어낸다.

내 인생의 한순간인 청춘을 아름답게 빛내고, 그 시간을 누릴 수 있다는 것 또한 얼마나 멋진 일인가! 당신의 마음속에 왕관을 향한 열망이 있다면 도전하라. 그 자체만으로도 이미 왕관의 주인공이다.

이예림

미인대회 최다 타이틀 보유자 이예령의 무대 위 모습

작은 키와 평범한 얼굴에도 무대에만 오르면 빛이 나는 그녀만의 특별한 노하우는 자신의 체형과 퍼스널 컬러를 분석해 그에 맞는 드레스 라인과 색을 고른 것이다. 체형을 보완해주고 더욱 품위 있게 만들어주는 포즈는 다른 이들 사이에서 그녀를 더욱 돋보이게 만들었다.

퍼스널 브랜딩의 시작, '미인대회 N관왕'

미인대회를 향한 그녀의 노력은 값진 결과로 보상받았다.

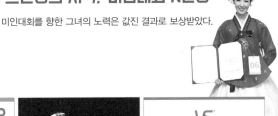

차 례

1장

왜 당신은 미인대회에 출전해야 하는가?

2장

미인대회 우승자들의 7가지 공통점

3장

꼭 알아야 할 미인대회 기본 상식

4장

미인대회 출전은 이렇게 준비하라

5장

미인대회 10관왕이 알려주는 필승 전략 포인트

6장

미인대회를 뛰어넘어 퍼스널 브랜딩까지

왜 당신은
미인대회에
출전해야
하는가?

다양한 인적 네트워크를
형성하는 새로운 기회

미인대회가 만들어준 소중한 인연

"저……."

2015년, 한 행사장에서 예쁜 친구가 말을 걸어왔다. 누구인지 기억이 잘 나지 않아 기억을 더듬어가는 나를 보며 그녀는 이야기를 이어갔다.

"안녕하세요! 제 이름은 ○○○이라고 합니다. 저, 언니 꼭 뵙고 싶었어요. 언니 SNS를 예전부터 보고 있었는데 올리신 대회 정보 보고 참가해서 이번에 수상했어요. 이렇게 대회를 통해 인연이 닿게 돼서 너무 좋아요. 혹시 오늘 참석하실까 기대했는데 드디어 만나게 됐네요!"

해금 연주가로 활발하게 활동 중인 국악인 '리다'라는 친구와 나의 첫 만남이었다. 나를 통해 미인대회 정보를 알게 되었고, 출전해서 수상까지 하게 되었다니! 나름 여간 뿌듯하면서 반가운 일이 아닐 수 없었다. 더군다나 나보다 훨씬 유명한 친구가 먼저 인사를 건네니 나로서도 큰 영광이었다.

미인대회가 만들어준 신기한 인연이었다. 미인대회 출전과 수상, 다양한 활동을 통해 나도 모르는 사이에 누군가에게 긍정적인 영향을 주었고, 그 결과가 새로운 인맥으로 연결된 것이다. 만약 미인대회가 아니었다면 그녀를 절대 만날 수 없었을 것이다.

각계각층에 다양한 인맥이 만들어진다

사람들은 미인대회에 출전하는 이유가 단순히 타이틀을 가지기 위해서라고 생각한다. 하지만 미인대회의 이점은 우리가 생각하는 것보다 훨씬 많다.

나는 10년 넘게 미인대회에 출전하면서 폭넓은 인맥을 얻었다. 대회에 한 번 출전하면 적게는 20~30명, 많게는 40~50명 정도의 출전자들과 만나게 된다. 대회의 규모에 따라 그 이상의 인원이 모이는 경우도 있다. 이들은 나이도, 직업도 전부 다르다. 대학생부터 직장인, 전문직, 사업가 등 미인대회에 출전했을 뿐인데 다양한 분야에서 활동하는 인맥들을 얻게 되는 것이다.

미인대회 출신들과 함께 활동하며 얻는 시너지는 상당히 크다.

관심 분야가 비슷한 회원들끼리는 다양한 정보를 공유한다. 뜻이 비슷한 사람들끼리 사업 파트너가 되기도 하고, 이를 통해 새로운 기회를 만들고 활동 분야를 넓혀갈 수도 있다.

서로를 연결해주는 징검다리가 되는 경우도 있다. 주변에 소개팅을 주선해 결혼까지 하게 된 사례도 있고, 좋은 만남을 유지하고 있는 커플도 여럿이다. 열정을 가지고 대회에 출전한 사람들이기에 삶을 대하는 태도 또한 남다르다. 늘 에너지가 넘치고 긍정적이다. 이런 모습을 통해 서로가 긍정적인 상호작용을 하고 시너지를 얻는다.

미인대회 출신들이 만든 다양한 모임

미인대회를 통해 만들어진 모임들은 크고 작은 규모로 다양하게 존재한다. 나도 현재 미인대회에 출전했을 당시 만난 사람들과 만든 몇 군데의 단체에 소속되어 있다. 이들의 성격은 다양하다. 미인대회에 출전했던 경험이 있거나 수상자여야 가입이 가능한 모임부터 단순히 친목 도모를 위해 만든 모임, 봉사활동이 주가 되는 모임도 있다.

더 나아가 일을 연계해주는 에이전시 역할을 하는 단체도 있고, 사회 환원 활동과 패션쇼를 기획하고 있는 협회도 있다. 각자가 서로에게 도움이 되는 활동들을 연계해주고 공익을 위해 힘을 합치기도 한다.

가장 대표적인 미인대회 단체 중 하나는 미스코리아 수상자들이 만든 '녹원회'다. 1987년 대한민국을 대표하는 미인대회인 미스코리아 출신들이 모여 봉사와 나눔을 주된 목적으로 하는 친목단체로 시작했다. 이후 꾸준히 활동을 지속해오며, 2014년 12월 사단법인 발족과 함께 사회 공헌 프로그램 위탁 운영, 교육 컨설팅, 공연기획 등 다방면으로 활동 영역을 넓혀가고 있다.

월드미스유니버시티 진출자 모임인 '지수회'는 대회의 성격처럼 다양한 봉사를 주된 활동으로 한다. 미스그린코리아는 깨끗한 세상 만들기를 위한 홍보 사절을 선발하는 대회다. 이 대회는 수상자 모임인 '초월회'가 있다. 공익 활동과 자선 활동을 동시에 펼치는 활동이 주된 목적이다. 미스그랜드코리아는 DMZ 세계평화홍보대사를 선발하는 대회로, 그 수상자들로 이루어진 '하람회'가 있다. 하람회 회원들은 DMZ 홍보와 함께 공익, 봉사 활동을 하게 된다.

이런 단체에 소속되어 활동하는 것은 사명감과 더불어 활동 범위 자체가 넓기에 보다 다양한 경험을 할 수 있다.

인맥을 통해 길을 찾다

미인대회에는 참가자뿐만 아니라 심사위원, 대회 관계자들도 만날 수 있다. 이분들을 통해서도 새로운 기회가 생기기도 한다.

한 후보의 경우 심사위원으로 참석했던 디자이너의 눈에 들어와 모델로 발탁되어 그가 만드는 작품을 입고 패션쇼 무대에 서고 있다. 오랜 시간 모델을 꿈꿔 왔는데, 미인대회 출전을 통해 드디어 기회를 잡게 된 것이다.

미인대회 출전 후 아예 다른 방향으로 직업을 바꾼 사례도 있다. 대회를 후원한 협찬사와 인연이 이어져 뷰티, 건강용품 사업을 시작하게 된 것이다. 든든한 지원을 등에 업고 새로운 분야에서 열심히 활동하고 있다.

한 대회에서 '진'을 수상한 후보는 오랜 시간 취업이 되지 않아 고민하고 있었다. 그런데 미인대회 수상 후 주관사 대표님과 진로에 관한 고민을 상담하던 중, 본인의 회사에 취업하는 것은 어떻겠냐는 제안을 받았다고 한다. 그녀는 실제로 그 회사에서 일을 하게 되었고, 기획 파트 업무를 맡게 되었다. 이처럼 미인대회는 인맥을 통해 다방면으로 활동이 연계되는 경우가 많다.

인맥이 재산이다

인맥이 재산이라는 말이 있다. 사람이 살아가다 보면 혼자서 해결할 수 없는 일에 부딪힐 때가 있다. 나 또한 마찬가지다. 혼자서는 시작도 할 수 없었던 일을 다른 사람들의 도움을 통해 해결하는 경우가 종종 있다.

물론 미인대회에 나간다고 해서 무조건 인맥이 만들어지는 것은 아니다. 하지만 적어도 내가 평소 쉽게 접할 수 없었던 분야에서 활동하는 사람들을 미인대회라는 공통분모를 통해 만날 수 있는 기회가 생기는 것은 사실이다.

내가 학생이라면 내 주변의 대다수는 학생일 것이고, 내가 직장인이라면 내 옆에는 같은 일을 하는 동료밖에 없을 것이다.

내가 속해 있는 환경을 바꿔야 새로운 일도 생긴다. 미인대회는 넓은 인맥을 만들고 다양한 기회를 확보할 수 있는 무대가 될 것이라 확신한다.

퍼스널 브랜딩을 통한
나만의 특별한 이력

미인대회 출신 가수, 26년이 지나도 기억되는 비결

TV프로그램 〈슈가맨〉은 과거에 가요계에서 왕성히 활동했다가 사라진 가수들을 찾는 프로그램이다. 이 프로그램에는 출연자가 등장하기 전 힌트만으로 가수를 유추하는 코너가 있었다. 출연자를 짐작한 방청객들은 불을 켜서 자신이 생각하는 가수가 맞는지 확인하는데, '미인대회 출신 가수'라는 힌트가 주어지자 방청석에 속속 불이 들어왔다.

MC가 불을 켠 사람들을 인터뷰했는데, 불을 켠 사람들 대부분이 그날 출연하는 가수가 누구인지 맞췄다. 그녀는 90년대 활동한 '최연제'라는 가수였다. 1993년 미스아일랜드대회 1위를 한 뒤 가수로 활동했는데, 그 시절 미인대회 출신 가수로 유명했다. 그 때문인지 아직도 그녀를 그 타이틀로 기억하는 사람들이 많았다. 다른 힌트가 주어졌을 때는 불이 거의 들어오지 않았지만, 미인대회 출신 가수라는 힌트가 주어지자 불이 들어오기 시작한 것이다.

그녀는 노래 실력도 출중했지만, 미인대회 출신 가수로 더욱 화제가 되었다. 그녀가 활동한 지 26년이라는 시간이 지났지만, 미인대회 타이틀은 '최연제'라는 가수를 자연스럽게 따라다니며 떠오르는 수식어로 남아 있다.

만약 미인대회 출신 가수라는 타이틀이 아니었다면 이만큼 사람들의 기억 속에 인식될 수 있었을까? 미인대회 타이틀로 자신을 PR하고, 남들과 다른 특별한 이력으로 사람들의 기억에 오랫동안 남은 퍼스널 브랜딩의 좋은 예이다.

미인대회 수상, 사업 성공의 킬링 포인트가 되다

미인대회 수상 타이틀을 활용한 다양한 사례들이 있다. 실제로 지인 한 분은 최근 화장품 사업을 시작하며 미인대회 출신임을 이용한 자신만의 퍼스널 브랜딩 전략을 세웠다.

그녀는 오랜 시간 뷰티 관련 업에 종사했지만 그간 특별한 경쟁력을 갖추지는 못했었다. 하지만 미인대회 수상 후, 타이틀을 사업에 활용한 것이 좋은 효과를 발휘하고 있다. 비슷한 시기에 같은 사업을 시작한 사람들 중 그녀는 유독 더 잘나간다.

얼마 전, 그녀는 SNS 라이브 방송을 통해 사업에 관한 궁금점들을 주고받는 시간을 가졌다. 나도 우연히 시청하게 되었는데 자신만의 경쟁력을 가질 수 있었던 비법으로 미인대회 타이틀을 꼽았다. '미인대회 출신이 사용하는 화장품', '진이 될 수 있었던 비결'이라는 콘셉트로 킬링 포인트(killing point)를 잡고 적극적으로 홍보한 것이 다른 사람과의 차별점을 가지게 된 비결이라고 설명했다.

'미인대회'와 '뷰티'는 밀접한 관계를 가지고 있다. 미인대회에서 수상한 사람인 만큼 뷰티에 관심이 많을 것이고, 제품을 더 까다롭게 선택했을 것이라고 생각하게 된다. 검증된 사람이 판매하는 제품인 만큼 믿음과 심리적인 신뢰감이 형성되고, 이는 판매로 이어져 매출 상승에 직접적인 영향을 준 것이다.

미인대회 10관왕, 유일무이한 '나만의' 브랜드

퍼스널 브랜딩은 '자신을 브랜드화해 특정 분야에 대해서 먼저 자신을 떠올릴 수 있도록 만드는 과정'을 의미한다.

한 집단에서 튀지 않고 융화되는 것이 미덕인 시대가 있었다. 그 시대에는 남들과 다른 사람이라는 말이 부정적인 의미에 가까웠다면, 요즘은 남들과 다른 사람이라는 의미가 긍정적으로 해석된다.

이제는 어떤 일에 있어 자신만의 색깔, 아이덴티티를 확실히 가지고 있는 사람이 주목받고 살아남는다. 같은 일을 하더라도 남들과 차별화하기 위해서는 본인을 브랜딩하는 것은 필수다. 이제는 퍼스널 브랜딩으로 나만의 전략을 세워야 한다.

나에게는 '미인대회 10관왕'이라는 타이틀이 있다. 내가 하는 모든 일에 자연스럽게 이 타이틀이 따라다닌다. 처음 내가 미인대회에서 수상했을 때는 이 타이틀이 특별한 이력이 될 것이라 생각하지 못했다. 하지만 나가는 대회에서 연달아 수상하게 되자, 어느 순간부터 '미인대회 다관왕'으로 불리기 시작했고, 하나씩 쌓인 수상 내역이 이제는 '미인대회 10관왕, 이예령'이라는 고유명사처럼 자리 잡았다.

나와 인연을 맺는 사람들은 대부분 그 타이틀을 먼저 기억한다. 오랜만에 만나서 인사를 건네면 확실하게 기억을 해내지 못하다가도, 미인대회 10관왕이라고 말을 덧붙이면 "아! 그분!"이라고 기억하는 경우가 꽤 많다. 내가 어딜 가더라도 사람들은 나를 "미인대회 10관왕 한 분이에요"라고 소개한다. 미인대회 출신은 많지만 10관왕은 나만이 보유하고 있는 타이틀이다. 나의 아이덴티티를 가장 잘 나타내는 킬링 포인트로 작용한다.

적어도 앞으로 누군가가 10개 이상의 타이틀을 가지지 못한다면, 나와 같은 명칭으로 불리는 사람은 없을 것이다. '미인대회 10관왕'은 앞으로도 유일무이한 나만의 브랜드로 더욱 단단히 자리매김해나갈 것이다.

짧은 시간에
얻을 수 있는 화려한 스펙

그 무엇보다 값진 '왕관'이라는 스펙

"나 취업했어!"

전화기 너머로 들려오는 들뜬 목소리. 내가 나갔던 지역 아가씨 대회에서 '진'을 수상했던 언니의 흥분된 목소리가 아직도 생생하다. 우리가 처음 만났을 때 언니의 나이는 스물여섯 살이었다. 취업이 되지 않아 졸업을 유예 중이었고, 졸업 전 본인이 할 수 있는 마지막 도전이라는 각오로 대회에 출전한다고 했다.

언니는 대회 내내 항상 최선을 다해 노력하는 모습을 보였다. 맏언니로서 늘 앞장섰고 성실하게 대회에 임했다. 마지막이라는 간절함 때문이었을까. 그녀는 '진', '포토제닉', '우정상'까지 무려 3관왕에

오를 수 있었다.

언니가 3관왕을 수상했다는 소식을 듣고, 언니가 거주하던 동네에서는 플래카드를 걸고 지역 신문에 보도했다. 그 후 거주하던 지역을 알리는 데 공을 쌓았다는 인정을 받아 지역 기관의 추천서를 받게 되었다. 지원한 몇 군데의 기업에 그 추천서를 제출했고, 한 곳에서 최종 합격의 결과를 얻게 된 것이다. 그 추천서만으로 취업에 성공한 것은 아니겠지만, 분명히 플러스 요소로서 작용했을 것이라 생각한다.

고스펙, 몇 개월의 준비로 쌓는다

요즘 대학생들이 취업을 위해서 준비하는 것들은 어마어마하다. 영어 점수, 본인이 지원하고자 하는 직군 관련 자격증, 어학연수, 봉사활동 경험, 회사에서 원하는 커리어 등 소요되는 시간과 비용이 결코 만만치 않다.

소위 말하는 스펙이라는 것들을 쌓기 위해 몇 년에 걸쳐 다방면으로 준비한다. 하지만 여기서 끝나는 것이 아니다. 원하는 회사에 지원을 하고 취업에 성공하기까지 짧게는 몇 개월, 길게는 2~3년 이상이 걸리는 경우도 본 적이 있다.

미인대회는 이에 비해 상대적으로 짧은 시간 안에 스펙을 취득할 수 있다는 장점이 있다. 대회마다 진행되는 기간의 차이는 있지만 미인대회에 출전하게 되면 서류 지원, 합숙과 본선까지 보통 1~2

개월, 길어도 3~4개월 정도의 시간이면 마무리가 된다.

여기에 수상이라는 결과가 더해지면 시간 투자 대비 고스펙을 얻게 되는 것이다. 다른 스펙을 쌓기 위해 학원을 다니며 오랜 기간 준비하고, 금전적 투자를 해서 얻는 결과에 비하면 훨씬 짧은 시간이다.

앞서 말했던 언니의 경우 2년 정도 취업을 준비했다. 하지만 좋은 결과를 얻지 못해 다른 친구들보다 졸업도 늦어졌다. 다행히 미인대회 출전 후 좋은 결과로 추천서까지 받게 되었고, 취업까지 한 번에 해결되었다. 몇 년을 준비해도 안 되던 취업이 몇 달 사이에 해결되었으니, 미인대회 출전은 몇 년간 준비한 다른 스펙보다 훨씬 값졌을 것이다.

출전을 위한 준비가 취업에도 활용된다

미인대회를 준비하면서 익힌 이미지메이킹, 자기소개, 스피치, 미소, 바른 자세 등을 면접 시 활용하면 큰 도움이 된다. 이미지 체크로 본인에게 어울리는 스타일의 의상과 컬러, 헤어, 메이크업을 알게 되면 단점을 보완하고 장점을 살리는 이미지를 연출할 수 있다. 또한 자기소개와 스피치 연습을 통해 조리 있게 말하는 방법을 익히게 된다.

면접은 대면 심사와 그 맥락이 같다. 면접관 또한 실물을 보고 호감이 가는 사람을 선호하게 된다. 웃는 미소와 환한 인상을 가진 지원자들은 회사 생활을 긍정적으로 할 것이라는 느낌이 든다. 또한 바른 자세는 당당함과 자신감 있는 모습을 더해주고 매사에 열정적일 것이라는 인식을 심어준다.

직군 중 외형이 평가 요소로 들어 있는 곳은 더더욱 유리하다. 우리 주변에서 흔히 볼 수 있는 서비스직은 사람을 대하는 업무가 주된 일이기에, 늘 밝은 모습의 깔끔한 인상을 선호한다. 당연히 외형적으로 호감이 가고, 긍정적인 느낌을 주는 사람이 채용될 가능성이 높다.

미인대회를 준비하며 만들어진 미소와 환한 인상은 이런 평가항목에서 최적의 점수를 받을 수 있다. 더불어 사람들에게 보이는 외모까지 인증된 것이니 금상첨화 아닌가.

미인대회 출전자를 특별채용합니다

수상자를 특별채용하는 제도가 존재하는 대회들도 있다. 기업에서 특정 협찬사 상을 받는 후보의 채용을 보장하기도 하고, 본인들이 후원한 대회의 출전 경력만으로 지원 시 가산점을 주기도 한다.

우리나라의 대표적 미인대회 중 하나인 미스춘향선발대회는 몇 년 전부터 '미스춘향 이스타항공'이라는 특별상이 생겼다. 이 상을 수상한 후보는 본인이 희망할 경우 이스타항공 승무원으로 특별채용된다. 이는 항공 승무원을 지망하는 지원자들에게는 엄청난 특혜가 아닐까 한다.

지역은행인 전북은행은 실제로 전북 지역 미인대회 출신자에게 입행 기회를 주는 제도를 운영하고 있다. 1989년부터 지역사회 공헌의 일환으로 2016년까지 30명의 미인대회 출신이 전북은행에 입행했다.

전북은행 관계자에 따르면, "미인대회라고 해서 외모만 보는 것이 아니라, 기본적인 교양이나 인성, 학식 등을 모두 심사에 반영하기 때문에 미인대회 입상자는 어느 정도 검증받은 인재로 여긴다. 입행 후 업무 성과도 좋아서 꾸준히 채용하고 있다"라고 한다.

물론 미인대회 특채라도 학점과 토익 등 공인 영어 성적이 하한선을 넘겨야 하고 경쟁이 없는 것은 아니지만, 일반 공채에 비하면 훨씬 낮은 편이다. 프리패스까지는 아니라도 하프패스, 혹은 그 이상의 유리한 고지에 있는 셈이다.

이와 같이 미인대회 수상자들을 직접 채용하는 기업들을 보더라도, 미인대회 출신들은 '기본적인 검증이 이루어진 지원자'라는 긍정적인 평가가 작용하는 것만은 틀림없다.

왕관의 무게는 무겁다

미인대회 스펙이 취업에 유리하게 작용한다는 소문이 나기 시작하면서 어느 순간부터 특정 직군 지원자들에게 미인대회 출전이 필수가 되기 시작했다. 단순히 이력 한 줄을 추가하기 위해 연달아 몇 차례씩 무분별하게 출전하기도 한다.

일부는 이런 현상을 부정적인 시각으로 바라보기도 한다. 스펙도 좋지만, 모든 일에는 책임감과 사명감이 우선시되어야 한다.

개개인의 노력이 더해져야 이러한 현상에 대한 부정적인 시각을 개선할 수 있고, '미인대회 출신자 = 믿을 수 있는 인재'라는 인식을 심어줄 수 있음을 명심하자. 왕관의 무게는 무겁다.

미인대회 도전과
수상을 통해 생기는 자존감

벼랑 끝에 서다

나는 타고난 기질 자체가 소심한 사람이다. 내가 5살 때쯤, 아빠 친구들의 동창모임에 갔던 적이 있다. 여동생은 무대 위에 올라가서 신나게 춤추고 크레파스를 선물로 받아왔다. 그러나 낯선 사람들 앞에 나선다는 것이 너무 부끄럽고 자신 없던 나는 무대 밑에서 펑펑 울기만 했다.

초등학교 3학년 때 아빠가 돌아가셨다. 엄마 혼자 삼남매를 키우시면서 집의 가세는 점점 기울어갔다. 나와 동생들이 커가면서 우리 집은 아파트에서 작은 빌라로, 빌라에서 다시 산중턱에 있는 집으로 이사를 거듭했다.

고3 첫 수능, 대학 진학에 실패했다. 재수를 결정했다. 1년 뒤, 결국 원하던 만큼의 결과를 얻지 못하고 집에서 멀지 않은 대학에 입학했다. 그와 함께 나를 향해 그나마 남아 있던 엄마의 기대도 전부 꺾인 듯했다. 나의 꿈도 미래도 자존감도, 헤어나올 수 없는 어두운 수렁으로 빠졌다. 한 발만 내딛으면 영원히 끝날 것 같은 벼랑 끝에서 있었다. 내 모든 것이 밑바닥으로 주저앉았다.

미인대회는 그런 나에게 한줄기 빛 같았다. 한 번도 순탄하게 풀린 적 없었던 내 인생을 밑바닥에서 끌어올려준 계기가 되었다.

나도 할 수 있는 사람이구나

"왜 그렇게 미인대회에 계속 나가세요? 몇 번 1등 했으면 된 거 아닌가요?"

사람들은 종종 나에게 이렇게 묻는다. 지금이야 내 경력이 어느 정도 쌓였지만, 처음 내가 미인대회에 나간다고 했을 때 사람들은 코웃음을 쳤다.

"야, 무슨 아가씨? 그게 뭔데? 네가?"

작고 왜소한 몸에 평범한 외모를 가진 내가 미인대회에 나간다고 하니, 사람들의 입장에서는 그저 한번 웃고 지나가는 가십거리였을 것이다. 사실 그때까지 나도 내 자신을 믿지 못했다. 여태까지 불행하기만 했던 내 인생이, 원하는 바를 한 번도 이룬 적 없던 내가 과연 할 수 있을까 하는 생각이 들었다.

그 전까지 미인대회는 나와는 거리가 먼 것이라고 생각했다. 키가 크고 돈이 많은 사람, 혹은 외모가 연예인 뺨칠 정도 되어야 나갈 수 있는 것이라고 막연히 생각했던 것이다. 하지만 첫 수상 후 내 생각과 마인드는 완전 달라졌다.

'와, 나도 할 수 있구나! 나 같이 이렇게 가진 게 없는 사람도 가능하구나. 다음번에 더 노력하면 더 좋은 상을 탈 수 있지 않을까?'

첫 도전은 호기심으로 시작했지만, 첫 수상 후 내가 내 자신을 인정하는 마음이 생긴 것이다. 처음 느껴본 자존감, 내 자신에 대한 믿음, 나도 누군가에게 가치 있는 존재로 인정받을 수 있다는 뿌듯한 느낌. 아직도 그때의 벅차오르는 마음이 떠오른다.

수상을 거듭하면서 나를 보는 사람들의 시각도 완전히 달라졌다. 그저 그런 평범한 사람에서 미인대회 나가면 꼭 수상하는 사람, 자꾸 수상하는 매력을 가지고 있는 사람.

나는 아직도 미인대회에 출전하고 있다. 다른 사람들은 이 정도 했으면 되었다며 미인대회에 그만 나가라고 말한다. 아마 그들은 내가 미인대회를 왜 계속 나가는지 이해를 못 할 것이다. 내 자신이 한 단계 올라가는 그 기분을 느껴보지 못했을 테니까. 이제는 이렇게 답해야겠다.

"나, 간만에 자존감 올리러 나가요!"

아들에게 선물한 미인대회 왕관

미인대회에 출전한 지원자들을 보면 다양한 스토리를 가진 사람들이 많다. 그중 유독 기억에 남는 사람이 있다.

그녀는 홀로 아이를 키우고 있었다. 20대 초반의 어린 나이에 아기를 가졌고, 아기 아빠와 결혼을 준비하던 중 성사되지 않았다고 한다. 아기 아빠는 임신을 알게 된 그 순간부터 그녀와 아기를 책임지고 싶지 않아 했다. 하지만 그녀는 아기를 포기할 수 없었고, 혼자 낳아 지금까지 키우게 되었다고 한다.

어린 나이에 혼자 아기를 낳아 키우다 보니 어려움을 많이 겪었다. 학업을 마무리할 수도 없었고, 번듯한 직장을 꿈꿀 수도 없었다. 그렇게 키운 아기가 작년에 초등학교에 들어갔다. 하루는 학부모 참관 수업에 갔는데 다른 학부모들의 당당해 보이는 태도, 여유 있는 모습에 주눅이 들었다. 그래서 구석에서 아들의 수업 모습을 지켜만 보았다.

이어지는 발표 시간, 다른 아이들은 당당하게 손을 번쩍 들고 발표를 하는데, 그녀의 아들은 고개를 푹 숙이고 있었다. 아들의 모습을 보며 자신의 초라한 행색 때문인지, 엄마만 온 게 부끄러운 건지 여러 고민들을 안고 집에 돌아왔다.

그날 저녁, 아들에게 조심스레 그 이유를 물어보니 이런 답변이 돌아왔다.

"엄마는 왜 맨날 불쌍해 보여? 나도 엄마가 멋있으면 좋겠어."

아들의 말에 그녀는 만감이 교차했다. 몇날 며칠 눈물만 펑펑 쏟았다. 누군가의 손에 아이를 맡기며 어렵게 생계를 유지하다 보니 "죄송합니다", "부탁드립니다"라는 말을 늘 입에 달고 살았고, 을의 입장이 될 수밖에 없었다. 늘 자신을 낮추며 살았던 그녀의 행동이 아들에게 큰 상처로 다가왔던 것이다.

그녀는 많은 고민을 했다고 했다. 본인이 먼저 당당한 모습을 보여야 아들 앞에서도 자신 있는 엄마로 설 수 있을 것 같아 오랜 고민 끝에 대회에 참가했다. 무대에 오른 그녀의 모습은 조금 어설펐지만, 진심이 녹아 있는 절실한 스토리는 나를 포함한 모든 사람을 감동시켰다. 그녀는 그날 '미'를 수상했다.

최근 그녀와 오랜만에 연락이 닿아 이야기를 나눴다. 그녀는 미인대회 수상 후 변화된 삶을 살고 있었다. 열심히 모아온 돈으로 자그마한 카페를 운영하게 되었고, 아들은 어딜 가든 우리 엄마 상 탔다며 자랑하기 바쁘다고 했다.

그녀는 대회에 출전한 뒤 자신의 인생을 다시 돌아보게 되었다고 했다. 그 전에는 매사에 비관적으로 생각했고, 자신을 하찮게 여겼다. 하지만 미인대회 출전 후 자신의 가치를 다시 생각해보게 되었다고 한다.

무슨 일이 있어도 누군가 앞에 당당히 나서야겠다는 마음과 자신감이 생겼다고 했다. 그녀가 대회를 통해 얻은 것은 등수뿐만이 아니었다. 전화를 끊고도 한참 동안 가슴이 먹먹했다.

스포트라이트, 나를 뛰어넘는 시간이 된다

"왜 출전하려고 하세요?"

내가 미인대회에 출전하는 사람들에게 꼭 물어보는 말이다. 처음 출전하는 사람들은 스펙을 쌓으려고, 무대 경험을 쌓고 싶어서, 재미있어 보여서 등 다양한 이유를 말한다. 하지만 재출전한 사람들에게 나오는 답은 조금 다르다.

"그 기분을 다시 느끼고 싶어서요."

나는 그 마음을 100퍼센트, 아니 200퍼센트 이해한다. 무대에 섰을 때 느낄 수 있는 그 짜릿한 희열. 오롯이 나에게 집중되어 있는 스포트라이트. 이 순간 내가 세상의 주인공이 된 것만 같은 기분. 나를 당당하게 보여줄 수 있는 나만의 시간. 그 맛을 한 번이라도 느끼게 된다면, 당신은 미인대회에 중독될 것이다.

참가자들의 내면에는 자신이 돋보이고 인정받고 싶은 욕구가 있다. 미인대회에 한 번도 안 나간 사람들은 있어도, 한 번만 나가는 사람은 없다.

사람들은 누군가의 앞에 나선다는 것 자체로 부담감을 가진다. 당장 매일 보는 몇 사람 앞에서 발표만 해도 떨리는데, 불특정 다수 앞에서 나를 보여주고 평가받는 것은 그 무게감이 얼마나 크겠는가. 자신을 인정받고 가치를 올리고 싶은 욕구에 그 무게감을 등에 지고 대회에 출전하는 것이다.

누군가는 미인대회의 부정적인 면만 바라보지만, 미인대회는 단순히 예쁜 척하고 들어오는데 끝나지 않는다. 끊임없이 자신을 가꾸고 밖으로 내보여야 한다.

　미인대회의 수상과 무관이라는 결과를 떠나 일단 도전하기로 마음먹은 결단 자체에 박수를 쳐주고 싶다. 힘든 과정들을 거친 후 정신적, 육체적으로 자기 자신을 넘어섰을 때 느끼는 성취감은 그 무엇과도 바꿀 수 없는 최고의 가치이다.

다양한 분야로
진출하는 지름길

이예령 씨 맞나요? 저는 ○○방송국 작가입니다

2009년 지역 아가씨 선발대회에 출전한 뒤 2년쯤 시간이 지나고 모르는 번호로 연락이 왔다. 전화를 한 사람은 공중파 방송사의 연예정보 프로그램 작가였다. 리포터 자리 하나가 공석이라 사람을 찾던 중 내가 참가했던 대회의 팸플릿을 보게 되었고, 주관사에 내 연락처를 물어 연락을 한 것이었다.

비공개로 작가들이 직접 콘택트를 하고 있는 캐스팅이었기에 원한다고 해서 공개적으로 지원을 할 수 있는 자리가 아니었다. 나는 작가들과 미팅 후 최종 오디션까지 갈 수 있었고, 오디션장에는 TV에서 얼핏 본 적이 있는 몇몇 유명한 인물들과 방송인들이 함께했다. 결국 최종 오디션에서 아쉽게 고배를 마시긴 했지만, 지금 생각해도 누구나 흔하게 가질 수 있었던 기회가 아니었음은 분명하다.

강남역에 붙어 있는 사진, 언니 맞죠?

얼마 전 오랜만에 아는 동생에게 연락이 왔다. "이거 언니 맞죠?" 강남역을 지나가는데 낯익은 얼굴이 있어 봤더니 내 사진이 붙어 있더라며 인증사진을 보내주었다.

2018년 영월에서 주관하는 정순왕후 선발대회에 수상한 뒤 2년 동안 영월군을 홍보하는 각종 홍보물에 내 사진이 사용되고 있다.

강남역뿐만 아니라 신분당선, 신도림, 영등포 같은 유동 인구가 많은 지하철역, 서울 곳곳의 버스정류장, 4호선 지하철에는 아예 내 사진으로 전부 도배된 칸도 있다는 연락을 일주일에 두세 번씩 받는다.

이런 연락을 받으면 내심 뿌듯한 마음이 생긴다. 내가 유명한 연예인도 아닌데 내 사진이 사람들이 많이 다니는 공공장소에 이렇게나 잔뜩 붙어 있다니. 미인대회에 출전하지 않았더라면 누리지 못했을 혜택이다.

미인대회 덕분에 이룬 꿈

한 방송 프로그램에 미인대회 수상자로 특별출연했던 한 수상자는 지금 연기자로 활동 중이다. 한 케이블 방송의 특집에서 미인대회 수상자로 출연 섭외가 왔고, 촬영장에서 명함을 받아 현재의 매니지먼트와 계약을 하게 되었다. 미인대회에서 본상을 수상한 만큼 키와 외모 같은 비주얼 요소가 충분하기도 했지만, 그 방송에 출연해서 그녀의 끼를 가감 없이 보여줄 수 있었던 것이 큰 장점으로 작용했다.

그녀는 이전부터 방송 활동을 하고 싶어 했지만 좀처럼 기회가 닿질 않았다. 요즘은 워낙 재능이 뛰어나고 비주얼이 돋보이는 친구들이 많기에 지망생이라는 것만으로는 오디션이나 미팅 기회조차 쉽지 않았다고 한다.

하지만 미인대회에 출전한 뒤 그 타이틀로 방송 섭외가 들어왔고, 본인의 끼를 펼칠 수 있는 무대가 마련된 것이다. 방송에서도 미인대회 수상자라는 타이틀로 집중받으면서 다른 일반인 출연자들보다 돋보일 수 있었다고 한다. 그녀는 미인대회를 통해 자신의 꿈에 한 발짝 다가갈 수 있게 된 것이다.

기회라는 날개를 달다

실제로 미인대회에 출전하거나 수상한 뒤 많은 출전자들이 그 이전보다 다방면으로 활동하게 되는 경우가 많다. 대회에 출전하게 되면 방송이나 각종 미디어에 노출이 되고, 거기서 파생되는 기회들이 생긴다. 그 기회들은 자연스럽게 나라는 사람을 알리는 홍보 수단이 된다.

대회마다 가지고 있는 홈페이지나 SNS 채널이 있는 경우는 지속적으로 수상자나 참가자에 대한 활동 사진과 관련 기사를 업로드한다. 에이전시나 관련 회사에서는 이 게시물들을 보고 모델로 섭외하거나 다른 활동을 제안하는 경우도 있다.

또한 대회에는 협찬사가 있다. 대다수의 협찬사들은 본인들의 제품을 홍보하고 모델로 활동할 수 있는 인재를 선발하는 목적으로 협찬을 진행한다. 이는 모델이나 방송 활동을 하고자 하는 사람에게는 좋은 기회다.

개인이 모델이나 방송 활동을 하려면 에이전시에 직접 프로필을 돌리거나 관련 회사와 계약을 해야 하는 경우가 대부분인데, 미인대회 출전과 수상으로 그 기회를 얻게 되는 것이다.

더군다나 일반 모델처럼 어딘가에 지원을 하고 기회가 주어지기를 기다리는 것이 아니라, 대회 수상이나 참가에 따른 확정된 혜택이기 때문에 보다 수월하게 진행이 가능하다.

미스코리아 대회는 우리나라에서 가장 규모가 크고 인지도가 있는 대회인 만큼 다양한 기회가 제공된다. 협찬사에서 제공되는 품목이나 주어지는 혜택도 타 대회에 비해 월등하다.

수상자들에게는 방송, 각종 홍보대사, 모델 등 능력을 마음껏 펼칠 수 있도록 활동 기간 동안 에이전시 역할을 해준다. 수상자 개개인의 특성에 맞는 활동을 연결해줌으로써 본인의 기량을 확실하게 발휘하고 기회를 만들어갈 수 있다.

최근에는 연예계로 진출하는 루트가 다양해졌지만, 과거에는 미스코리아 대회가 연예계의 등용문이라 여겨졌던 적도 있다. 이 모습만 봐도 미스코리아라는 타이틀의 영향력이 어느 정도인지는 충분히 짐작할 수 있다.

지역 특산물과 관련되거나 지역 축제에서 특별한 성격을 띠고 진행하는 대회들은 주관사가 그 지역의 공공기관인 경우가 많다. 이 경우 대회가 끝나고 나서도 그 지역의 홍보대사 활동이나 홍보물을 촬영하는 등 다양한 활동이 연계된다. 그렇기 때문에 금전적인 지원과 혜택이 일반 주관사보다 많음은 물론이다. 지역 홍보 CF에 출연해 TV에 방송되기도 하고, 특산물 행사와 대외적 보도자료에 수상자들의 사진을 사용한다. 쉽게 말해 그 지역의 얼굴이 되는 것이다.

나를 찾는 곳이 많아졌다

미인대회에 출전 후 실제로 홍보대사, 모델, 방송 관련 다양한 기회들이 생겼다. 각종 행사의 MC로 활동하고 미인대회 심사를 다니기도 한다. 뷰티와 성형에 관한 팟캐스트 MC로 발탁되었고, 칼럼도 쓰고 있다. 각 지역의 홍보대사 활동과 홍보물 촬영뿐만 아니라 이외에도 다방면으로 활동 중이다.

또한 미인대회 관련한 프로그램이나 이슈화된 인물들을 찾는 방송 프로그램에서 종종 연락을 받는다. 대회에 참가한 지 몇 년이 지났음에도 다양한 루트를 통해 노출이 되고 있다.

물론 대회에 나간다고 해서 많은 사람들에게 알려질 수 있는 기회가 저절로 생겨나는 것은 아니다. 어느 정도의 기회는 제공될 수 있지만 그 뒤로 어떻게 만들어 가느냐는 본인의 노력 여부로 결정된다. 본인이 적극적으로 활동할 의지가 있다면, 나를 알리는 홍보의 지름길이 될 것임에는 분명하다.

2장

미인대회
우승자들의
7가지 공통점

자기소개와 스피치를
탁월하게 잘한다

자기소개 듣고, 1등 할 줄 알았어요

"흔히들 결혼은 제2의 인생이라고 하죠? 그렇다면 저는 제3의 인생을 이 무대에서 시작하고 싶습니다. 맑은 물속의 보석이라는 뜻의 제 이름처럼 수려한 외모와 고고한 지성, 뛰어난 끼와 재능으로 2018 정순왕후 선발대회의 보석이 되어 찬란하게 빛나고 싶습니다. 이곳 영월을 굽이돌아 흐르는 동강처럼, 정순왕후의 정신을 굽이굽이 계승할 인재. 다채로운 빛을 뿜어내는 보석, 참가번호 1번 이예령입니다."

2018년 정순왕후 선발대회에 참가했을 때 내가 무대에서 했던 자기소개이다. 내 자기소개가 끝나자 관객석에서는 여기저기서

'와!' 하는 감탄이 터져 나왔다. 남편 옆 좌석에 영월 군수님께서 대회를 보고 계셨는데, 내 자기소개 무대를 보고는 아주 크게 박수를 치면서 만족하셨다고 한다. 남편은 그 모습을 보고 수상을 예감했다고 했다.

한편 무대 아래의 후보자들은 벙찐 상태였다. 1번 후보가 자기소개를 저렇게 해버렸으니, 본인들도 자기소개를 변경해야 하는 거 아니냐며 즉석에서 수정하는 후보자들도 있었다. 같이 출전했던 다른 후보의 말을 빌리자면, 내 자기소개는 다른 후보자들의 자기소개와는 확연한 차별점이 있었다.

다른 후보자들은 구구절절 길게 자기소개를 늘어놓는 형식이었다면, 나는 비유를 통해 핵심 포인트만 전달했다. 군더더기 없는 자기소개는 임팩트 있는 인상을 남겼고, 듣는 사람으로 하여금 알맹이만 쏙쏙 귀에 들어왔다고 한다.

자기소개에서 이미 사람들의 관심을 확 사로잡았으니, 그다음에는 어떤 식으로 질문에 답변할까 기대감도 생겼을 것이다. 대회 결과는 1등. 축하 인사를 건네며 다들 하는 이야기가 있었다.

"자기소개 듣고 1등 할 줄 알았어요!"

선생님, 큰일 났어요!

"선생님 어떻게 해요. 큰일 났어요!"

제자 중 한 명이 울면서 전화를 했다. 분명히 대회를 한참 진행하고 있을 시간인데 갑작스러운 전화에 놀라기도 했지만, 그 이유가 더 황당했다. 장기 자랑으로 마술을 준비해간 친구라 도구 몇 가지를 챙겨서 가방에 따로 보관해두었는데, 그게 감쪽같이 사라졌다는 것이다. 분명히 사전 리허설 때까지 사용했고, 그 후에도 혹시 잃어버릴까 봐 짐 가방 깊숙이 보관을 했는데 대회 시작하고 가방을 열어보니 없어졌다며 당혹스러워 했다.

"괜찮아요. 자, 일단 진정해요. 스피치 연습 많이 했으니까 지금 대회장 분위기랑 후보들 특징으로 즉석 인터뷰해보는 거 어때요?"

원래 말을 잘하는 친구고 꾸준한 스피치 연습으로 임기응변에도 능했기에, 즉석에서 리포팅을 해보라고 제안했다. 급한 대로 다른 후보들을 인터뷰해보라고 말하긴 했지만, 솔직히 너무 걱정이 앞섰다. 몇 시간 뒤 대회가 끝났다는 연락을 받고 바로 전화를 걸었다.

"선생님, 저 '미' 됐어요. 천만다행이에요."

나는 그제야 안도의 한숨을 쉴 수 있었다. 제자는 나와 전화를 끊고 곧바로 검색을 했다고 한다. 대회가 지방에서 치러지고 있었는데, 그 지역의 특색과 대회장 근처의 명소들을 알아본 뒤 간단하게 도입부를 만들고 다른 후보들을 인터뷰한 것이다.

장기 자랑이 끝나고 사회자가 능숙한 진행이 좋았다면서 관련 일을 하는지 물었다. 제자는 마술 도구가 없어져 즉흥적으로 만들었다고 솔직히 말했고, 사회자는 그녀의 스피치 실력과 센스를 칭찬했다고 한다. 탄탄한 스피치 기본기와 많은 연습을 통한 능숙한 임기응변이 만들어낸 좋은 결과다.

그 친구 말하는 거에 진짜 감동받았어

한 대회에 심사위원으로 다녀온 지인이 특정 후보에 관한 칭찬을 봇물 터지듯 털어놓았다. 사전 1:1 대면 심사에서 한 후보가 유독 눈에 띄었다는 것이다. 말 한마디에도 박학다식함이 묻어나왔고, 자신의 생각을 소신 있게 말하는데 사람이 달라보였다고 했다. 그 친구의 말을 빌리자면 진짜 있어 보였단다.

모든 후보들의 대면심사가 끝나자 심사위원들은 하나같이 입을 모아 그녀의 스피치 실력을 칭찬했다고 한다. 그녀의 스피치에 상당한 내공이 느껴졌다며, 앞으로의 역량이 기대되는 후보라고 했다. 대면심사 평가 후 채점 결과 그녀의 스피치 점수는 역시나 높았다.

그런데 본 대회까지 다 치른 후 점수를 합산해보니, 그녀의 등수가 다른 후보와 동점으로 나왔다. 게다가 특별상은 서너 개를 죄다 휩쓸어 버린 상태였다. 주관사에서는 급하게 회의에 들어갔다. 그녀 혼자 특별상을 많이 받은 데다 동점이 나왔으니, 재투표를 실시해야 했다.

심사위원들은 하나같이 그녀의 스피치 실력만으로도 충분히 수상권이라며 그녀에게 점수를 더해주었다. 그 덕분에 그녀는 '선'을 수상할 수 있었다. 그녀가 수상하는데 결정타를 날린 비결은 바로 '스피치'였다. 그녀의 외적인 면은 다소 평범했을지라도, 스피치 실력으로 다른 면모를 확실하게 보여주었다.

미인대회 변별력, 대세는 스피치다

과거의 미인대회들은 외모나 몸매같이 보여지는 것들에 초점이 맞춰 평가가 이루어졌다. 하지만 현재의 미인대회는 외형뿐만 아니라 끼와 재치 같은 엔터테이너적 요소, 거기에 인성과 지식, 교양 같은 내면의 평가까지 더해진다. 특히 인성, 기본 지식과 교양 같은 내면적인 요소는 날이 갈수록 그 중요성이 부각되고 있다.

그렇다 보니 미인대회 평가에서도 변별력이 필요하다. 이를 가장 객관적으로 평가할 수 있는 부분이 스피치다. 말에는 그 사람의 사상, 생각, 지식 수준이 고스란히 녹아있다. 짧은 시간에 한 사람에 대해 객관적으로 판단할 수 있는 변별력의 지표가 되는 것이다. 일부 대회들은 합숙 기간 동안 토론이나 포럼을 진행하거나 후보자 개인과 심층 면접 후 점수에 반영하기도 한다. 이런 형식만 보더라도 스피치의 중요성이 높아지고 있다는 것을 알 수 있다.

외모는 단시간 내에 고칠 수 있어도, 지식과 교양은 단시간 내에 쌓을 수 없다. 내가 가진 지적 능력을 밖으로 표현하고 보여줄 수 있도록 스피치 실력을 기르자.

부족한 점을 찾아
스스로를 보완한다

단점을 보완해 왕관의 기쁨을 누리다

2011년 지역 미스코리아 예선에 출전했지만 상을 타지 못한 채 무관에 그쳤던 M양.

함께 출전했던 후보가 말하길, 당시 그녀는 눈에 크게 띄지 않았다고 한다. 이제 막 스무 살을 지나 아직 아기 같은 느낌이 가득한데다가 성격도 조용하고 소극적인 편이라, 그저 착하고 어린 친구였다고 한다.

그런 그녀가 다음해에 같은 대회에 다시 출전했다. 그런데 1년 동안 완전히 달라져 있었다. 그녀의 준비 과정 이야기를 들어보니, 1년간 트레이닝을 엄청 열심히 했다고 한다. 2011년 대회가 끝나자 마자 그녀는 다음해 대회에 재출전하기 위해 전문가를 찾았다. 이미지 컨설팅을 받고 본인이 수상하지 못한 이유를 분석했다.

전문가는 아직 사회 초년생 티가 가득한 전체적인 이미지를 지적했다. 얼굴 살이 통통해 앳된 이미지라 세련미가 부족했고, 아기처럼 말하는 스피치 습관, 적극적이지 못한 성격, 거기에 소녀 같은 스타일의 의상까지 지적받았다고 한다.

그녀는 전문가의 의견을 적극 반영해 스피치 학원을 등록하고 바로 식단 관리와 운동에 들어갔다. 학교도 휴학하고 1년을 꼬박 대회 준비에 매달렸다.

2012년 대회에 재출전한 그녀를 다시 본 심사위원은 1년 새 이미지가 확 달라진 그녀를 처음에는 못 알아봤다고 한다. 특별히 성형을 하거나 시술을 받은 건 아닌 것 같은데 세련미가 더해졌고, 스타일링이나 전체적인 느낌 자체가 달랐기 때문이다. 2012년 대회에 함께 출전한 후보들은 그녀를 강력한 우승 후보로 꼽았다.

1년을 누구보다 열심히 본인을 보완하고 노력을 거듭한 덕일까? 그녀는 그해 '진'을 수상했다. 대회가 끝난 후 어떻게 준비했는지 물어오는 사람들에게 그녀는 이렇게 답했다고 한다.

"처음엔 멋모르고 출전했지만, 다시 대회를 준비하면서 저를 돌아보게 되었어요. 다른 사람들의 의견을 듣고 나를 보니 단점들이 많이 보이더라고요. 그 단점들을 보완하려고 많이 노력했어요. 특히 살을 빼거나 말투 교정, 옷 스타일은 충분히 보완할 수 있는 것이기에 그런 점들을 개선한 덕분에 수상이 가능했던 것 같아요."

나에게 맞는 드레스를 드디어 찾다

시간이 많이 지난 탓도 있겠지만, 내가 처음 수상한 미인대회 사진을 지금 보면 아주 촌스럽다. 미인대회 초보다 보니 내 신체적 특징도 잘 몰랐고, 무대 위에서 어떻게 보일지도 고려하지 않은 채 무작정 협찬 업체에서 골라주는 의상을 입었다.

그 뒤로 여러 대회를 출전하면서 내 신체의 여러 장단점을 파악했다. 특히나 상체가 긴 체형이라 몸에 붙는 슬림한 드레스를 입으면 단점이 고스란히 드러났다. 아래로 풍성하게 퍼지는 드레스를 입어야 상대적으로 작은 키도 보완할 수 있다는 것을 알게 되었다.

나는 미인대회 수상자치고 외형 스펙은 낮은 편에 속한다. 그럼에도 불구하고 계속해서 수상할 수 있는 이유는 이렇게 내 장단점을 객관적으로 파악하고 최대한 보완하려 노력을 거듭하기 때문이라고 생각한다.

자신을 객관적으로 파악하지 못하면 발전 없이 늘 제자리걸음이다. 이번 대회에서 혹시 좋은 결과를 얻지 못했다면 자신을 객관적으로 인지하고 부족한 부분을 보완하자. 그럼 분명히 다음번엔 더 좋은 성적을 거둘 수 있을 것이다.

쉽게 포기하지 않고
될 때까지 꾸준히 도전한다

버티는 자, 왕관의 주인공이 된다

"예령 씨는 대회 나가서 상 못 받은 적 없죠?"

내가 미인대회 10관왕이라고 하면 종종 듣는 얘기 중 하나다. 아무래도 수상 이력이 많다 보니 대회에 나갈 때마다 꼭 상을 탔을 거라고 생각하는데, 천만에! 나는 미인대회 입문부터 탈락의 연속이었다.

보통 미인대회에 참가한 사람들은 두 부류로 나뉜다. 결과에 상처받고 더 이상 출전하지 않는 사람, 수상을 목표로 재도전을 하는 사람. 후자는 참 신기하게도 몇 번의 도전 끝에 꼭 좋은 결과를 얻는다. 그 이유는 뭘까?

'미인대회는 재수가 기본'이라는 우스갯소리가 있다. 경험이 중요하다는 말이다. 경험이 없으면 사실 어떻게 준비해야 할지 혼자서는 막막하다. 대회에 참가해 다른 후보들을 보면 '자기소개는 저렇게 해야 하는구나, 저런 색상의 의상이 무대에서 돋보이는구나, 같은 말이라도 저렇게 답변하니 훨씬 고급스럽구나'라는 안목과 기준점이 생긴다. 소위 말하는 대회 경험과 요령이 축적된다. 이를 통해 다음 도전에서는 한 단계 더 성장할 수 있다.

끝날 때까지 끝난 게 아니다

내가 지역 한복 대회에 나갔을 때 이야기다. 대회 전에 이루어진 사전 합숙날, 처음 보는 순간부터 유난히 눈에 띄는 후보가 있었다. 단아한 외모에 선한 인상, 큰 키. 그녀에게는 우승 후보의 아우라가 풍겼다.

일정을 끝내고 숙소에서 이런저런 이야기를 나누는데 미인대회 첫 출전이라고 했다. 나는 이미지가 좋았던 그녀에게 좋은 결과가 있을 것 같다고 얘기했다. 그런데 대회 당일, 그녀를 다시 만났을 때 아쉬움을 금치 못했다. 탁한 색상의 한복으로 인해 얼굴이 칙칙해 보였고, 다른 후보들에 비해 수수한 한복은 돋보이지 않았다.

게다가 무대에서는 즉석에서 만든 듯한 버벅거리는 자기소개를 했다. 수상과 더욱 멀어져 가는 듯 보였다. 결과는 내가 1등이었고, 그녀는 무관에 그쳤다.

대회가 끝나고 얼마 뒤 내게 축하한다는 연락이 왔다. 그리고 조심스럽게 본인이 대회에서 왜 수상하지 못했는지 그 이유를 물었다. 합숙 당일 내 이야기를 듣고 기대를 많이 했지만 대회가 끝난 후 수상하지 못했다는 사실에 많이 속상했다며 솔직한 조언을 부탁했다.

"첫 출전이라 그런지 준비가 많이 미흡했던 것 같았어요."

알고 보니 한복은 집 근처 한복집에 전화해서 대충 골랐고, 자기소개는 어떻게 준비해야 할지 몰라서 간단하게 이름과 나이만 얘기했다고 한다.

그리고 얼마 뒤, 다른 대회에 출전한다고 했다. 첫 대회에서 한복을 대충 선택했던 것이 마음에 걸렸다며 두어 군데 한복집의 한복을 보러 다녔다. 즉석에서 만든 듯했던 자기소개도 많이 좋아졌다. 그렇게 나간 대회에서 '특별상'이라는 좋은 결과를 얻었다.

그녀는 여기서 멈추지 않았다. 왕관이 너무 간절하다며 나에게 진심어린 도움을 청해왔다. 대회에 다시 나가겠다고 했다. 이번엔 정말 작정한 듯 각오가 달라보였다. 자기소개를 몇 번이나 수정하고 매일 연습한 녹음 파일을 나에게 보냈다. 의상도 마음에 쏙 드는 걸 찾아내겠다며 함께 투어를 다녀줄 것을 부탁했다. 그녀의 열정에 나도 물심양면으로 여러 가지를 도와주었다.

그리고 대회 날, 그녀의 모습은 처음 대회에 출전했을 때와 많이 달라져 있었다. 결과는 드디어 1위!

"끝날 때까지 끝난 게 아니라는 말이 있는데, 드디어 결실을 맺네요. 본인의 일처럼 물심양면 준비를 도와준 소중한 제 친구에게 꼭 고맙다는 인사를 하고 싶습니다."

울면서 소감을 말하던 그녀를 향해 뿌듯한 마음으로 누구보다 크게 박수를 쳐주었다.

미인대회에는 결이 있다

나는 지역 아가씨 대회부터 미스코리아 대회까지 다양한 성격의 대회에 출전했다. 본선 진출조차 하지 못한 대회가 있고, 기대를 많이 하지 않았지만 의외로 높은 등수를 받은 대회도 있다. 모든 대회는 성격이 다르고 추구하는 스타일도 다르다. 대회마다 수상자를 가리는 기준점도 다르다.

이것을 '대회의 결'이라고 표현한다. 모든 대회가 나와 결이 맞는 것은 아니다. 수업을 진행한 학생 중에 정말 괜찮은 친구가 있었다. 소리를 전공했던 학생이어서 무대 경험도 많았고 능숙했다. 장기 자랑도 따로 준비할 필요가 없었다.

한 대회에 나가면 진선미 중에 하나는 수상할 것 같아서 기대했는데, 이상하게도 수상하지 못했다. 결과가 의아한 나머지 주관사 대표님께 그 이유를 물어봤다.

알고 보니 그해에 출전한 친구들의 평균 키가 170센티미터를 훌쩍 넘었던 데다가, 타 대회에 출전했던 경험자들이 대거 나오는 바람에 상대적으로 점수를 많이 받지 못했다는 것이었다. 전년도에 다른 학생들이 그 대회에 나갔을 때는 160센티미터 초반의 키를 가진 친구들이 두 명이나 상을 탔기에 예상하지 못한 일이었다.

그해에는 키가 크고 경험이 많은 지원자들이 지원해 기준점이 높아지는 바람에 학생과의 대회의 결이 안 맞아버린 것이다. 그 친구는 많이 속상해 했다. 다시는 대회에 안 나가겠다고 눈물을 보이길래 운이 없었던 것뿐이라며 위로하면서 다른 대회에 나가자고 다독였다.

그 친구는 그해 더 큰 대회에서 진이 되었다. 얼마 전 연락을 주고받았는데 그 친구가 말했다.

"선생님 말씀 듣고 다시 하길 잘했어요. 그때 포기했다면 얼마나 억울했을까요?"

대회에는 늘 변수가 존재한다. 끝날 때까지 결과는 누구도 예측할 수가 없다. 간혹 한두 번의 탈락에 상처받고 대회 출전을 포기하는 이들이 있다. 만약 내가 첫 대회 후 도전을 포기했다면, 나는 하나의 타이틀도 가질 수 없었을 것이다. 시간의 차이일 뿐, 중간에 포기하지만 않는다면 결국 목적지에 도착할 수 있다. 나에게 맞는 대회는 분명히 있다. 다만 나와 결이 맞는 대회를 아직 만나지 못했을 뿐이다. 본인을 계속 업그레이드하면서 도전한다면, 다음 왕관의 주인공이 될 수 있을 것이다.

다른 사람들에겐 없는
아우라가 느껴진다

찬란한 존재감이란

등장만으로 갑자기 주변이 밝아지면서 시선을 확 끄는 사람. 혹시 그런 사람을 만나본 경험이 있는가? 사람들이 연예인을 실제로 보면 반짝반짝 빛이 난다고 하는 이야기를 들어본 적이 있을 것이다.

이들의 공통점은 무엇일까? 바로 어떤 사람에게서 뿜어져 나오는 묘한 기운, '아우라'를 가지고 있다는 것이다. 미인대회에서도 무대 위에서 사람들의 눈길을 사로잡는 기운을 가진 사람들이 있다. 보통은 이런 아우라를 뿜어내는 후보가 수상을 하는 경우가 많다.

나도 비슷한 경험을 종종 한다. 미인대회에 심사를 하러 가면 얼굴은 예쁜데 이상하게 매력이 느껴지지 않는 후보가 있다. 이런 후보들은 수상은 하게 되더라도 1등은 놓친다거나, 낮은 등수를 받는 경우가 많았다.

이와 반대로 얼굴이나 몸매가 특출 나게 뛰어나지는 않지만 묘하게 끌리고 눈길이 가는 후보가 있다. 이런 후보들은 등장만으로 다른 후보들을 압도하고 에너지로 무대를 장악한다. 그리고 생각 외로 높은 등수를 받기도 한다. 아우라, 참 신기한 힘이다.

미인대회의 작은 거인

평범한 외모에 체구가 왜소한 여자가 있다. 키도 미인대회 출전 자치고는 작다. 이목구비도 밋밋한 편이다. 무대 아래에서는 그냥 평범한 사람이다. 당연히 무대 아래에 있을 때는 그녀를 수상권이라고 생각하는 사람도 많지 않다.

그런데 참 신기한 점은 나가는 대회마다 수상을 한다는 것이다. 그것도 늘 상위권으로. 주변에서는 그 사람을 '작은 거인'이라고 부른다. 그 작은 거인의 주인공, 이 글을 쓰고 있는 내 이야기다.

"도대체 예령 씨가 자꾸 수상하는 이유가 뭐예요?"

나와 오랫동안 관계를 유지해온 한 대회의 위원장님은 많은 사람들에게 이런 질문을 받으신다고 한다. 키도 작고, 외모도 평범하고, 심지어 뭔가 특출한 게 있어 보이는 것도 아니니 그런 의문점들이 생기는 것도 어찌 보면 당연하다. 그 이야기를 듣고 나는 웃으면서 여쭤보았다.

"그러게요. 위원장님, 제가 상을 타는 이유가 뭘까요?"

"예령 씨, 그거 알아요? 무대 밑에서는 솔직히 잘 모르겠는데, 무대 위에만 올라가면 사람이 커 보여요. 그게 나만 그렇게 느끼는 건가 했는데, 신기하게 매번 점수가 많이 나오더라고요? 예령 씨가 무대에 서면 반짝반짝 빛이 난다고 다른 심사위원들도 그러더라고요."

위원장님께서 하시는 말씀이 무슨 뜻인지 나는 이해했다. 아마 위원장님이 느끼셨던 커 보이는 느낌, 심사위원들이 느낀 반짝이는 빛은 무대에서 뿜어져 나오는 아우라를 표현한 것이리라.

후광, 준비된 사람에게서만 나온다

그렇다면 이런 아우라는 어떻게 가질 수 있는 것일까? 선천적으로 아우라를 타고나는 사람들이 있다. 이런 사람들은 특유의 분위기가 있다는 이야기를 듣는다.

우리 주변을 보면 타고난 외모나 신체적인 특징, 고유의 에너지로 자신만의 존재감을 뿜어내고 눈길을 끄는 사람들이 있다. 이런 경우는 선천적으로 타고난 아우라를 가진 경우다. 선천적인 아우라를 가진 사람들은 외모가 특출나지 않아도 인기가 많다. 주변에 늘 사람들이 따른다.

하지만 그런 게 없다고 지레 포기하지는 말자. 아우라는 후천적으로도 만들 수 있다. 그 비결은 바로 오랜 시간 쌓아온 내공에 있다. 나 또한 처음 미인대회에 나갈 때만 하더라도 많은 것이 부족했

다. 나의 부족함을 인지하고 워킹, 포즈, 스피치 등 부족한 부분을
채우며 꾸준히 실력을 쌓아왔다. 이제는 그 누구와 겨뤄도 실력으
로 승부할 수 있을 만큼 자신이 있다.

후천적으로 만들어지는 아우라는 철저한 준비와 자기관리를 통
해, 내면의 자신감이 바탕이 되어야 가능하다. 자신만의 아우라를
가지고 싶다면, 철저하게 준비하고 내공을 쌓자. 그 내공을 통해 여
유가 생기면, 본인만의 아우라가 무대에 뿜어져 나올 것이다.

아우라, 노력으로 만들 수 있다

내가 수업했던 학생 중, 평범한 학창 시절을 보내고 대학 졸업 후
취업까지 큰 굴곡 없이 평탄한 삶을 살았던 학생이 있다. 그녀는 미
인대회 출전이 본인의 인생에 있어 가장 큰 도전이라며 걱정을 많이
했다. 사실 나도 맨 처음 그녀를 봤을 때는 큰 기대를 하지 않았다.
키는 컸지만 평범한 외모에 새로운 경험으로 인해 많이 긴장한 모습
에서 어떤 여유로움도 찾기 힘들었다.

하지만 그녀는 정말 많이 노력했다. 워킹, 포즈, 스피치 전부 다
처음 배우는 내용이라 매 수업시간 자신의 모습을 녹화해 갔다. 수
업 내용을 놓칠세라 새로운 내용은 빠짐없이 다 메모했다. 집에 돌
아가서는 수업시간에 지적받은 사항들을 반복해서 연습했다.

궁금한 점도 그때그때 계속 물어왔다. 그러다 보니 처음에는 어
색했던 워킹과 포즈가 수업을 거듭하며 눈에 띄게 발전했다. 가장

힘들어했던 질의응답 답변에서도 점점 여유가 생기기 시작했다.

그녀에게 말하지는 않았지만, 마지막 수업을 하면서 나는 어느 정도 기대가 생겼다. 첫 수업 때보다 눈에 띄게 발전한 모습에서 가능성이 보였기 때문이다.

본 대회 날, 그녀가 무대에 등장한 순간, 다른 후보들이 긴장하고 있는 모습과는 달리 여유가 느껴졌다. 표정에도 자신감이 가득했다. 그런 그녀의 모습에 저절로 시선이 향했다. 즉석 인터뷰 시간에 사회자가 다른 후보에게 혹시 이 자리에 라이벌로 생각하는 후보가 있느냐는 질문을 했는데, 내 학생의 번호를 이야기하며 우아함과 포스가 느껴진다고 말했다.

나와 함께 대회장을 찾았던 지인들은 하나같이 그녀를 우승 후보로 점찍었다. 많은 연습을 통해 쌓은 여유와 자신감이 무대에서 제대로 뿜어져 나온 것이다. 그녀는 그날 대회에서 '진'을 수상했다.

무대 밖에서도
자기관리에 강하다

이미 '진' 같았어요

"가능한 한 옷을 잘 입어라. 외모는 생각보다 훨씬 중요하다."

- 탈무드

몇 년 전 지인이 지역 미스코리아 대회에 참가했을 때, 조금 남다른 후보가 한 명 있었다고 한다. 그녀는 일정이 끝난 늦은 시간에도 늘 원피스를 착용하고 다녔다. 합숙 일정이 조금 긴 편이었는데, 다른 후보들이 피곤해서 일어나지 못해도 그녀는 누구보다 먼저 일어나 헤어와 메이크업을 했다.

시간이 지날수록 후보들은 하나둘 지친 기색을 보이기 시작했지만, 그녀만은 늘 한결같았다. 마치 벌써 수상이라도 한 듯 완벽하게 갖추고 다니며 흐트러짐 없는 모습에 다들 혀를 내둘렀다.

합숙 일정에 포함된 협찬사를 방문할 때도 그녀는 늘 앞장섰다. 합숙 동안 사진 팀이 계속 동행하면서 촬영을 했는데, 언제 어떤 각도로 사진이 찍힐지 모르기에 늘 미소를 띠고 표정 관리도 철저하게 했다. 그 바람에 다른 후보들은 기가 눌렸다. 암묵적으로 그녀가 수상을 하는 것은 당연하다는 분위기가 생겼다.

보통 대회에 참가하면 후보들끼리 누가 수상을 할 것 같은지 이야기를 나누고는 한다. 그녀의 철저한 자기관리에 '저 사람이 1등 할 것 같다'라는 이야기가 여기저기서 나왔다. 늘 준비된 듯 용모를 갖추고 대회에 임하니 관계자들 또한 그녀의 모습을 긍정적으로 평가하셨을 것이다.

본 대회 날, 그녀는 이변 없이 '진'을 수상했다. 간혹 대회가 끝나면 결과에 불만을 털어놓는 후보들도 있는데, 그해에는 아무도 결과에 이의를 제기하지 않았다고 한다. 인정할 수밖에 없는 결과였기 때문이다.

만약 그녀가 합숙 때 다른 후보들처럼 편하게 입고, 행동하고 다녔다면 어땠을까? 외모도 화려하고 유리한 조건을 많이 갖추었기에 수상 후보로 점쳐졌을 수는 있어도, 당연히 진이 될 거라 평가되지는 않았을 수도 있다.

나는 이 이야기를 듣고 자기관리의 중요성을 또 한 번 느끼게 되었다. 이야기를 전해준 지인의 첫마디가 아직도 기억에 남는다.

"그 친구요? 합숙 때부터 이미 '진' 같았어요."

울룩불룩 미스코리아?

몇 년 전 미인대회 본선에 오른 한 후보의 프로필 사진이 화두가 되었다. 본선에 오른 후보들인 만큼 다들 자신 있는 포즈로 군더더기 없는 몸매를 뽐내는데, 그 사이에서 조금 이질감이 느껴지는 프로필 사진이 보였다.

그 후보의 프로필을 클릭해보니, 아뿔싸! 기본적인 관리도 안 된 게 한눈에도 보였다. 통통하다는 느낌이 문제가 아니라 여기저기 울룩불룩 채 숨기지 못한 살들이 역력히 눈에 띄었다. 본인도 그 사실을 자각하고 있는 듯, 포즈가 전체적으로 소심하고 자신감 없어 보였다. 보기 싫은 살들을 가리기에 급급했던 것이다. 최소한 한 달만 독하게 관리했어도 그 정도는 아니었을 텐데.

그녀는 그 대회에 관심 있는 많은 사람들의 타깃이 되었고 부족했던 관리에 대한 질타를 피할 수 없었다. 내가 누군가에게 내 모습을 평가받고자 출전했다면, 최소한 기본적인 관리는 되어 있어야 한다는 것을 또 한 번 느낀 계기였다.

입단속도 자기관리다

"자기야, 내가 너무 황당해서 전화했는데……."

나와 함께 대회에 출전했던 C와 통화 중 황당한 이야기를 들었다. C와 함께 나갔던 대회에서 내가 1등을 해서 상금을 받았는데, 그 상금을 기부하기로 사전에 주관사와 약속을 했다는 것이다. 그 대가로 1등을 할 수 있었고, 비리를 저질렀다는 내용이었다.

누구에게 그 이야기를 들었냐고 했더니, 그 대회에 함께 출전했었던 J가 소문을 퍼트리고 다닌다고 했다. C는 내가 상금을 받아서 어디에 사용했는지도 알고 있었고, 비리 없이 수상했단 사실도 잘 알고 있기에 J에게 헛소문 퍼트리지 말라고 경고했다고 한다.

얼마 뒤, H에게도 한 통의 연락이 왔다.

"내가 이상한 이야기를 들어서……."

알고 보니 H도 J에게 그 이야기를 들었다는 것이다. 뿐만 아니라 나에 대해 잘 아는 듯이 이런저런 이야기도 한 모양이다.

이상한 느낌이 들어 확인 차 나에게 전화를 했다며 사실 여부를 물었다. 사실 무근이었기에, 있는 대로 솔직히 말했다. J는 무관에 그쳤는데, 자신이 수상하지 못했다는 이유로 헛소문을 퍼트리고 다니는 듯했다. 주변에서는 그런 J를 질타했지만 나는 내 자신에게 떳떳했으므로 크게 개의치 않았다.

그런데 최근 J에 대한 안 좋은 이야기들이 심심찮게 들린다. 워낙 이 사람 저 사람 뒷담화를 많이 하고 다닌 덕에, 본인이 하고 다닌 이야기들이 비난의 화살이 되어 되돌아가는 것이다. 인과응보 사필귀정. 입단속도 자기관리다.

철저한 자기관리로 긍정적 잔상을 남겨라

대회에 참가하면 정말 힘들다. 진한 화장과 화려한 헤어스타일을 계속하니 피부도 힘들고, 진행 일정을 따라가느라 몸도 힘들고 수면 시간도 부족하다. 하루 종일 웃고 있으려니 입가에 경련이 일어나고, 바른 자세를 유지하려니 다리도 퉁퉁 붓는다. 아주 총체적 난국이다.

시간이 지날수록 힘들다는 생각이 먼저 떠오를 것이다. 그러나 이럴 때일수록 긍정적인 생각을 해야 한다. 힘들다는 생각을 하면 그 생각이 행동으로 드러나기 마련이다. 힘들 때마다 '이 관문을 통과하고 나면 왕관의 주인공이 된다'는 생각으로 마인드 컨트롤을 하자. 왕관을 쓰고 있는 자신의 모습을 상상해도 좋다. 마인드 컨트롤도 자기관리의 일부다.

대회에 참가하다 보면 자기관리를 소홀히 하는 후보들은 결국 좋은 결과를 누리지 못하는 경우를 많이 보게 된다. 예전에 비가 부슬부슬 오던 날 야외무대에서 대회를 진행했던 적이 있었다. 한 후보가 간이 설치된 대기실로 들어오다 비를 흡수하려 깔아놓은 바닥 매트에 걸려 넘어졌고, 화를 참지 못하고 혼자 온갖 욕을 다 하며 고성을 질러댔다. 그 소리를 들은 관계자들이 놀라서 달려왔는데 이유를 알고는 그 후보에게 단단히 주의를 주었다. 과연 좋은 평가를 받을 수 있었을까?

대회에는 보는 눈이 많은 만큼 내가 하는 행동과 나의 일거수일투족이 평가 대상이 된다. 흐트러짐 없이 자기관리를 잘하는 후보들을 보면 대회에 열정을 가지고 성실하게 임하고 있다는 생각이 든다. 반대로 타 후보자들을 비방하거나 용모를 단정히 하지 않는 등 여러모로 자기관리에 소홀한 후보들을 보면 열정이 없고 성의가 부족하다는 생각이 든다. 철저한 자기관리로 나에 대한 긍정적인 잔상을 남기자.

모두가 인정할 만큼
얼굴과 몸매가 뛰어나다

11표 몰표로 선발된 미스코리아

1987년 미스코리아 진에 선발된 장윤정 씨에 관해 알려진 유명한 일화들이 몇 가지 있다. 그녀는 1988년 미스유니버스 대회에 한국 대표로 출전해 한국인 최초로 2위를 수상한 미스코리아계의 살아있는 전설이다.

당시 동양인은 체형적 특징상 세계대회에서 본상 수상이 힘들었다고 한다. 그 와중에 처음으로 세계대회에서 2위를 차지했으니, 당시 장윤정 씨의 수상은 어마어마한 성과였다.

장윤정 씨는 미스 대구경북 출신이었는데, 당시 심사를 진행했던 심사위원들은 장윤정 씨를 보고 하나같이 입을 모아 "몸매가 환상적이다"라고 말했다고 한다.

한 심사위원은 "장윤정이 인어를 연상시키는 옷을 입고 나와서 몸매를 과시하던 모습이 아직도 눈에 선하다. 그렇게 몸매가 예쁜 여자를 본 적이 없었다"고 했을 정도다.

장윤정 씨는 대구경북 진 자리를 놓고 겨루는 마지막 투표에서 몰표를 받았다. 최종 후보 두 명 중에서 마지막 한 명을 뽑는 투표에서 11대0의 결과가 나왔던 것. 그만큼 그녀의 몸매는 압도적이었다.

그녀는 그 드레스를 입고 미스코리아 본선에서도 '진'의 영광을 거머쥘 수 있었다. 출전했던 후보들 중 가장 서구적인 몸매를 가진 후보가 장윤정 씨였는데, 당시 그녀가 입었던 드레스가 엄청난 화제가 되었다. 입고 나온 드레스가 소위 말해 그녀와 '찰떡궁합'이었기 때문이다. 그 드레스는 '인어옷'으로 불리며 아직도 회자될 정도니, 그녀의 몸매는 정말 국보급이 아니었나 싶다.

1번은 진짜 좀 많이 예쁘네

외모가 뛰어난 후보 하면 2013년 미스코리아 대구 선발대회가 떠오른다. 당시 나도 미스 대구 선발대회에 참가 중이었다.

대회에 참가한 후보들이 팸플릿과 홈페이지에 올라갈 프로필 사진을 촬영 중이었다. 앞 번호부터 순서대로 촬영을 한 다음 내 차례가 되어 포토그래퍼 옆에서 대기를 하고 있었다.

촬영을 마친 후보들의 사진들을 보며 모니터링을 하던 포토그래퍼가 무심결에 한마디 툭 던지는 말을 듣게 되었다.

"1번은 진짜 좀 많이 예쁘네."

오랫동안 미스코리아 대구와 경북을 담당해 온 사진팀이었고, 역대 수상자들을 계속 촬영해오면서 예쁜 친구들을 얼마나 많이 보았겠는가. 그런 팀에서 한 친구를 지목해서 예쁘다고 이야기를 나누는 것은 상당히 수상 가능성이 높다는 것이라 생각했다.

그리고 역시나, 그 친구는 2013 미스코리아 대구 선발대회에서 '진'이 되었다. 그런데 여기서 끝이 아니었다. 2002년 이후 11년 만에 서울이 아닌 타 지역에서 미스코리아 '진'이 배출된 것이다. 그것도 바로 그 얘기를 들었던 1번 친구가! 이 이야기의 주인공은 2013년 미스코리아 '진' 유예빈이다.

예빈이는 합숙 때부터 참 예뻤다. 내 기억 속에 남아 있는 느낌을 표현하자면 얼굴에서 반짝반짝 빛이 났다고 할까. 피부도 너무 좋았고, 얼굴이 예쁜 것뿐만 아니라 신체 비율도 남달랐다.

늘 밝은 에너지가 넘치고 성격도 좋아서 합숙 동안 인기도 많았다. 1번이었기에 늘 앞장서야 했지만 한 번도 싫은 내색을 한 적이 없었다. 내면의 긍정적이고 선한 느낌이 얼굴에 그대로 나타났고, 원래 예쁜 얼굴이 더 예쁘게 빛났던 것 같다.

어쩌면 예빈이의 수상은 당연한 것이었을지도 모른다. 눈에 띄는 예쁜 외모가 사람들의 시선을 사로잡았고, 거기에 선한 성격과 적극적인 태도까지 여러모로 수상을 하기에 충분한 후보였다. 나는 아직도 예빈이를 떠올리면 '참 맑고 예뻤던 친구'로 기억한다.

첫인상 3초 법칙

첫인상 3초의 법칙이 있다. 누군가를 처음 봤을 때 3초 안에 그 사람에 대한 호감도가 결정된다는 법칙이다. 아주 짧은 순간이지만 인식된 이미지와 감정은 향후 그 사람에 대한 평가에 많은 영향을 미치게 된다.

첫인상에 영향을 미치는 감각을 조사한 '메라비언 법칙'에서는 시각 55퍼센트, 청각 38퍼센트, 언어 7퍼센트라는 연구 결과가 있다. 시각적으로 보여지는 것이 첫인상을 평가하는데 월등히 높다는 주장을 뒷받침해준다.

미인대회에서의 첫인상은 외적으로 보여지는 얼굴과 몸매가 결정한다. 이 법칙들을 적용해보면 첫인상에서 예쁘다, 몸매가 좋다는 인식이 생긴 사람에 대해서는 좋은 평가가 뒤따를 가능성이 높아지는 것이다.

앞서 말한 장윤정 씨와 유예빈 양 또한 마찬가지다. 두 후보 다 얼굴과 몸매가 뛰어났기에 사람들의 시선을 일단 사로잡았고, 결과에 영향을 주었던 것이다. 요즘 미인대회는 다방면으로 평가를 하지만, 외적인 요소가 가지고 있는 장점은 절대 무시할 수가 없다.

매사에 성실하고
긍정적인 태도를 갖고 있다

시간 약속이 준 선물

"내가 오늘 자네에게 선물을 하나 주지."

대회 당일, 무대를 모두 끝내고 마지막 심사 결과를 기다리고 있던 수강생에게 대회를 총괄하던 감독이 스쳐지나가듯 툭 말을 건넸다. 그 말을 듣는 순간에는 뜬금없이 무슨 얘기일까 생각하며 속뜻을 이해하지 못했지만, 그날 그녀는 1등이라는 큰 선물을 받게 되었다.

대회가 끝나고 수상자들과 주관사의 미팅 자리에서 그녀는 본인의 수상 스토리를 듣고 깜짝 놀랐다고 한다. 본인이 당연하게 여겼던 행동들이 수상과 밀접한 연관이 있었던 것이다.

시간 약속은 가장 기본적인 예의라 여기는 그녀는 평소에도 시간 약속에 철저한 편이다. 늘 일찍 움직이는 그녀는 대회 예선 날에도 1번으로 도착했다. 도리어 너무 일찍 도착한 나머지 예선 장소가 채 준비되기도 전이라 스태프들이 세팅하는 것을 도왔다.

그 모습이 총감독 눈에 든 것이다. 그녀를 눈여겨본 총감독은 그날 그녀의 행보를 쭉 지켜봤다고 했다. 함께 온 친구들과 즐겁게 웃으며 대화하는 모습, 스태프 한 분 한 분에게 고생하신다며 인사를 건네는 모습들이 그녀에 대한 좋은 기억으로 남았다.

본 대회 날, 그녀는 또 가장 먼저 도착해 무대 준비를 일찍 마치고 본인의 자기소개와 워킹을 연습했다. 그런 그녀의 성실함 덕분인지 결국 그날의 주인공이 될 수 있었다. 그녀가 수상을 하게 된 데는 이외에도 많은 이유들이 있었겠지만, 그녀의 평소 습관들이 그녀를 더욱 돋보이게 해주었을 것이다.

제 방은 따로 주세요

미인대회에 참가하거나 심사를 나가보면 불성실하고 상식 밖의 사람들이 생각보다 정말 많다. 한 대회의 합숙에 후보자 한 명이 후발대로 참석했다. 총 3박 4일의 일정이었는데 개인 사정으로 하루 늦게 합류한 것이다.

정상적으로 합숙에 참석한 후보들은 첫날 개인 영상과 프로필 촬영을 마쳤는데, 둘째 날 합류한 후보자는 본인이 못 찍었으니 촬영팀을 다시 불러달라고 했다. 뿐만 아니라 다른 사람과 숙소를 함께 쓰기 힘들다며 혼자 방을 사용하겠다고 했다.

다른 후보들은 두세 명씩 방을 사용하고 있었고, 촬영팀을 다시 부르려면 추가 비용을 지불해야 했다. 주관사에서는 무리한 요구를 들어줄 수 없어서 거절했다. 그 후보자는 못마땅했는지 연습에서 계속 성의 없는 모습을 보였고, 결국 그다음날 대회에 참가하지 않겠다며 짐을 챙겨 떠났다.

늦게 참석한 후보가 연습도 불성실하게 했고, 중간에 다시 나가 버리니 남은 후보들은 급하게 무대 동선을 다시 맞추고 연습하느라 애를 먹었다. 주관사에서는 불성실한 태도를 보인 후보자가 좋은 결과를 얻기 힘들었을 것이라며, 그녀의 기본적인 인성과 태도를 비판했다.

'나 하나 쯤이야'라는 잘못된 생각

이런 경우도 있었다. 내가 지역 대회에 참가했을 때다. 대회 당일 아침, 각자 헤어와 메이크업을 전부 완성한 뒤 집합 장소로 몇 시까지 모이라는 공지를 받았다. 오후 2시경에 대회가 시작되기에 오전부터 빡빡한 일정으로 움직여야 했다.

그런데 다른 후보들은 집합 장소에 다 모였는데 한 후보자가 시간이 한참 지나도 나타나지 않는 것이었다. 대회장에 가기 전에 단체로 몇 군데 행사장에 들러야 하는 상황이었다. 보도자료 사진을 함께 촬영해야 해서 시간이 빠듯했다.

그런데 설상가상으로 아무리 전화를 해도 그녀가 받지 않는 게 아닌가. 몹시 당황한 스태프 한 분이 서둘러 그녀를 찾아 나섰다. 한참 뒤에 허둥지둥 그녀를 찾아왔는데, 다른 후보자들은 집합 장소로 다 나갔는데도 방에 혼자 남아서 여유 있게 메이크업을 받고 있었다고 한다. 전화를 받지 않았던 것도 메이크업을 받던 중이라 전화기를 보지 않고 있었던 것이라고.

결국 우리는 행사가 이루어지고 있는 곳에 늦게 도착했고, 급하게 사진 한두 컷만 찍고 다음 장소로 향할 수밖에 없었다. 나는 아직도 그때 스태프들의 표정과 한숨이 생생하게 기억난다.

성실함도 실력이다

불성실한 한두 명의 후보자 때문에 다른 후보자들에게 손해가 가는 일이 발생한다. 후보자의 부재 시에는 완벽하게 무대 동선을 숙지하지 못하기도 하고, 자칫 무대 위에서 실수를 하게 되거나 사고로 이어지는 경우도 있다. 이는 성실하게 대회에 임한 다른 후보자들의 노력에도 피해를 주는 것이다.

미인대회에는 주관사, 각종 스태프, 외부 업체 등 대회를 진행하는 많은 사람들의 입장과 이익이 얽혀 있다. 이들이 서로 조율하고 단합해서 완성된 무대를 만들어내야 한다. 연습에 불성실한 태도로 임하거나 약속시간에 제때 나타나지 않는다면 행사에 차질이 생길 수밖에 없다.

관계자도 결국 사람이고, 심사위원이 될 수도 있다. 긍정적이고 성실한 마인드로 대회에 임하는 후보자와 기본적인 약속을 지키지 않는 후보자에 대한 평가는 다를 수밖에 없다.

나는 대회에 출전하는 후보들에게 늘 행동을 조심하라고 주의한다. 함부로 뱉은 말이 큰 파장을 일으키는 경우도 보았고, 본인이 의도하지 않아도 구설수에 휘말리는 경우도 많기 때문이다.

성실하게 행동하고 긍정적인 마인드를 가진 후보들은 이러한 구설수에 오르는 일이 별로 없다. 좋은 평가를 받는 후보들은 심사위원들의 평가 또한 비슷하다. 긍정적인 마인드와 행동은 긍정적인 결과를 불러온다. 이 또한 실력이라는 것을 잊지 말자.

3장
—
꼭 알아야 할
미인대회
기본 상식

생각보다 다양한
미인대회 종류

미인대회, 몇 개나 아세요?

이 책을 읽는 당신은 우리나라에 현존하는 미인대회를 몇 개나 알고 있는가? 아마 이 질문에 대한 답을 생각했을 때 미스코리아, 월드미스유니버시티, 미스춘향선발대회 이외에 대여섯 가지 이상의 대회가 떠오른다면, 당신은 분명 이 분야에 관심이 있어 정보를 많이 알아본 사람일 것이다.

대한민국은 한 해에 기본적으로 수십여 개의 미인대회가 개최된다. 봄과 가을, 흔히 말하는 미인대회 시즌 때는 한 달에 서너 개 이상의 대회가 치러진다. 두세 개의 대회를 합쳐서 한 번에 치르는 경우도 있다. 이런 경우 대회는 한 번 진행하지만, 1등 수상자는 각각 따로 선발한다.

대회 명칭 자체는 하나일지라도 각 지역마다 예선과 본선이 따로 있는 경우는 한 대회에서만 열 번 넘게 대회를 치르기도 한다. 이렇게 계산했을 때, 한 해에 치러지는 대회의 횟수만 해도 100회는 족히 넘는다.

여성의 사회 진출, 미인대회를 증가시키다

매년 이름도 생소하고 성격도 다양한 수많은 대회가 생겨난다. 그 이유는 대체 뭘까? 나는 그 이유를 여성들의 사회 진출과 밀접한 관련이 있다고 생각한다.

가부장제 시대에서는 남성들이 집 밖으로 나가 경제 활동을 하고, 여성들은 집 안에서 내조를 하는 것이 오랜 시간 고착되어온 사회 분위기였다.

하지만 이제 시대가 변했다. 2000년대에 들어오면서 여성들의 사회 진출이 늘어나고, 남성과 동등한 위치를 가지기 시작했다. 과거와 달리 자신의 능력을 과감히 표출하고, 재능을 펼치는 것이 인정받는 세상이 도래한 것이다.

이러한 사회 변화 흐름에 따라, 여성들이 가지고 있는 끼를 마음껏 펼치고자 하는 욕구 또한 수면 위로 떠올랐다. 미인대회의 증가는 이런 시대적 분위기를 반영하는 것이다. 자신을 적극적으로 보여주고 표현하고자 하는 욕구가 늘어남에 따라, 그것들을 보여줄 수 있는 무대가 필요하기 때문이다.

미인대회는 여성들의 그런 욕구를 충족시키기에 최적화된 무대다. 자신이 가진 외적인 장점과 내적인 아름다움을 동시에 보여줄 수 있으니 말이다. 여성들의 사회적 진출이 활발해질수록 앞으로 미인대회는 더 많이 늘어날 것이라 예상한다.

너무나도 다양한 성격의 미인대회들

과거에는 한 손에 꼽을 정도로 미인대회의 수가 한정적이었다. 하지만 현재는 대회의 수와 성격들이 엄청나게 다양해졌다.

미인대회 중에서 가장 대표적인 대회를 꼽으라면 미스코리아다. 현재까지도 미스코리아는 가장 인지도 있는 대회로 굳건히 자신의 자리를 지키고 있다. 그 외에 사람들이 대표적으로 알고 있는 대회는 월드미스유니버시티, 미스춘향선발대회 정도일 것이다.

예전에는 미인대회가 20대 초반의 미혼 여성들이 참가하는 것이라는 인식이 있었다. 하지만 대회의 성격들이 다양해지면서 참가 연령대의 폭도 넓어졌다. 10대가 참가할 수 있는 대회부터 60대 이상의 시니어들을 위한 대회까지 전 연령대가 각자의 조건에 맞는 대회에 출전할 수 있다.

기혼자들을 위한 대회도 점점 더 많이 생겨나는 추세다. 미혼, 기혼을 따로 나누지 않고 나이대별로 후보자들을 나눠 대회를 진행하는 경우도 있다. 드레스가 주가 되는 대회, 한복이 주가 되는 대회처럼 의상 콘셉트로 대회를 나누기도 한다.

수상 혜택과 활동 영역 또한 다양하다. 지역 아가씨 선발대회나 특산물 대회는 주로 각 지역을 홍보하는 홍보대사로 곳곳에서 활동하게 된다.

수상과 동시에 세계대회 출전권을 획득하게 되는 대회들도 있다. 이는 한국을 대표하는 대표자가 되어 국위를 선양할 기회를 얻게 되는 것이다. 단순한 출전을 넘어 이러한 이력만으로도 명예를 가지게 된다.

미인대회, 어떤 게 있을까?

대회의 성격에 따라 세부적으로 나누자면 엄청 다양하다. 큰 틀로 나누어 보자면 결혼 유무(미혼 / 기혼), 대회 콘셉트(한복), 연령대(10~90대), 대회 성격(모델선발 / 미인대회) 정도로 나눌 수 있다. 다음은 현존하는 미인대회를 미스 미인대회, 미시즈 미인대회, 한복 미인대회로 분류했다.(미스, 미시즈 대회가 함께 개최되는 대회는 중복 표기했다)

미스 미인대회	
미스코리아	사선녀선발대회
미스춘향선발대회	새만금벚꽃아가씨선발대회
미스인터콘티넨탈	풍기인삼홍보대사선발대회
미스퀸코리아(미스월드, 미스유니버스,	영천포도아가씨선발대회
미스수프라내셔널)	안동한우홍보사절선발대회
미스투어리즘인터내셔널	영양고추아가씨선발대회

미스그린코리아(미스글로브인터내셔널)	미스변산선발대회
페이스오브뷰티인터내셔널	김천포도아가씨선발대회
월드미스유니버시티	아랑규수선발대회
미스그랜드코리아	경산대추알림이선발대회
더룩오브디이어	스마일퀸코리아패전트
뷰티퀸코리아선발제전	미스패러건선발대회
미스관광한류미선발제전	스마일퀸코리아선발대회
한류홍보미인선발제전	미스관광선발제전
더퀸오브코리아	자연미인선발제전
월드모델선발대회	웨딩드레스퀸선발대회
할리우드퀸선발대회	케이퀸콘테스트
글로벌K뷰티스타모델콘테스트	코스메코리아모델콘테스트
미스코리아웨이브뷰티	인터내셔널슈퍼퀸모델선발대회
K-뷰티모델선발대회	

미시즈 미인대회	
미시즈유니버스	메이퀸선발대회
미시즈퍼스트뷰티월드	시니어코리아퀸선발대회
미즈실버코리아	시니어유니버스선발대회
미시즈베스트모델콘테스트	월드미세스코리아선발대회
미시즈글로브인터내셔널	시니어뷰티코리아선발대회
미시즈그린인터내셔널	미시즈선발대회
젠느미시즈모델선발대회	시니어춘향선발대회
미시즈퍼스트퀸오브더코리아	미즈패러건선발대회
한류홍보미인 선발제전	관광한류미선발제전
미시즈&시니어모델세계대회출전 선발대회	웨딩드레스퀸선발대회
더퀸오브코리아	미즈모델코리아선발대회
코스메코리아모델콘테스트	케이퀸콘테스트
월드모델선발대회	인터내셔널슈퍼퀸모델선발대회
글로벌클레시퀸 모델 선발대회	할리우드퀸선발대회
글로벌K뷰티스타모델콘테스트	K-뷰티모델선발대회

한복 미인대회	
미스춘향선발대회	한복국제모델선발대회
대한민국한복모델선발대회	전주한복모델선발대회
사랑해요대한민국한복모델선발대회	세종대왕과소헌왕후선발대회
사랑해요대한민국한복모델시니어선발대회	정순왕후선발대회
한복맵시선발대회	어울림한복모델선발대회
코리아한복미인선발대전	좋은날눈부시게한복미인선발대회
한류홍보사절선발제전	한국전통모델선발대회
종로한복뽐내기대회	더페이스오브한복
한류전통궁미인선발대회	미스한복선발대회

우후죽순 생기는 대회에 대한 개인적인 우려

매년 많은 대회가 생겨나고 없어지기도 한다. 미인대회 수업을
진행하고 다른 사람보다 많은 정보를 취득하는 나조차도 '이런 대회
도 있었나?' 싶을 만큼 생소하고 비슷한 대회가 많다.

사실 나는 미인대회의 증가에 대해 염려하는 마음도 크다. 모든
것에는 양면성이 존재하기 때문이다. 미인대회 증가와 다양한 루트
를 통해 많은 사람들에게 기회가 가는 것은 긍정적으로 생각하지만,
그 이면에는 어두운 부분도 분명 존재한다.

미인대회 출전자들의 간절한 마음을 악용해 과도한 참가비나 준
비 비용을 요구하는 경우가 있기 때문이다. 금액 투자만큼의 효과
가 나온다면야 더할 나위 없다. 하지만 미인대회라는 이유 하나만
으로 평소 저가에 대여되던 의상이 몇 배의 금액으로 껑충 뛴다거
나, 참가비를 냈음에도 금액만큼의 퀄리티를 보장받지 못하는 경우
가 있다.

미인대회를 단순히 하나의 돈벌이로만 생각하는 일부의 만행 때문에 미인대회를 부정적으로 보는 시선 또한 사라지지 않는다. 이러한 현실이 개선되어야 미인대회를 향한 부정적인 인식도 긍적적으로 바뀔 것이다. 참가자들의 객관적인 판단 또한 중요하다. 무조건적인 수용보다는 불합리한 부분은 개선하고 조율해 나가야 자신의 권리를 보장받을 수 있다.

미인대회는 어떻게
진행되나요?

미인대회의 진행 과정

미인대회 진행 과정은 크게 '접수 - 예선 - 합숙 - 본선'으로 나눌 수 있다. 하지만 대회마다 생략되기도 하고 추가되는 과정들이 있다. 그렇기 때문에 본인이 참가하고자 하는 대회의 진행 과정을 사전에 충분히 파악하고 꼼꼼하게 체크해야 한다. 그래야 일정에 따른 스케줄 조율과 더불어 참가 여부 또한 확정할 수 있기 때문이다. 통상적으로 진행되는 미인대회의 세부 과정을 살펴보자.

대회 지원서 접수

참가하고자 하는 대회를 결정했다면 가장 먼저 해야 할 것이 지원서를 접수하는 일이다. 대회에 따라 지원 자격에 제한이 있거나 연령대에 따라 지원 자격을 분류해놓는 경우도 있기에 이를 먼저 확인해야 한다.

지원 자격에 문제가 없다면 주관사에서 제공하는 공통 지원서 양식에 키와 몸무게 같은 신체 사이즈와 함께 자기소개, 참여 동기 등을 성의껏 작성한다. 보통은 지원서에 사진도 함께 제출한다. 사전에 준비해둔 사진이 있다면 사용하도록 하고, 사진이 없다면 서둘러 준비하자.

매년 일정한 기간에 열리는 대회라면 전년도와 비슷한 시기에 모집 공고가 올라올 것이다. 수시로 홈페이지에 들어가 관련 공지를 확인하라. 그래야 지원 기간을 놓치지 않고 관련 사항들을 준비할 시간적 여유가 생긴다.

대회에 따라 소정의 참가비를 입금해야 하는 대회도 있다. 간혹 참가비를 입금하지 않아 접수 자체가 되지 않는 경우도 있다. 입금 후에는 주관사에 입금 여부도 꼭 확인하도록 하자.

예선

대회에 따라 예선을 진행하기도, 생략하기도 한다. 예선을 생략할 경우에는 서류 심사만으로 본선 진출자를 결정하기도 한다. 예선을 진행하는 경우는 본선에 참가할 인원을 최종 선발하는 것과 후보자들의 끼와 재능을 사전에 심사하려는 목적이 있다. 예선에서 좋은 점수를 얻지 못한다면 본선은 아예 오르지 못할 수도 있으니 유의하자.

대회에 따라 심사 내용은 조금씩 다르지만 보통 자기소개, 질의 응답, 워킹, 포즈, 외모, 장기 자랑, 인성 등 지원자 개개인의 전반적인 사항들을 심사한다. 이때 본인의 장점을 충분히 어필한다면 본선에서도 좋은 점수를 받을 가능성이 높다.

예선은 자유 의상으로 진행되기도 하고, 특정 의상을 지정해주는 경우도 있다. 자유 의상 같은 경우는 최대한 나의 신체적 장점과 이미지를 살려주는 의상을 선택하라. 그리고 자기소개와 장기 자랑도 준비하되, 두 가지 다 각각 1분을 넘지 않도록 하자.

합격자 발표

지원서 마감이나 예선 후 심사를 통과한 지원자들에게 합격 여부에 관해 연락을 해준다. 합격 발표 방식은 보통 홈페이지나 개별 전화, 단체 문자 등으로 하고 요즘은 주관사 SNS 계정에 게시글로 올리는 경우도 있다.

또 사전에 공지된 발표 일정보다 미리 발표가 나거나 늦게 나는 경우도 있다. 수시로 공지를 확인하고 다음 진행 과정 등을 체크하여 불이익을 당하는 일이 없도록 하자.

대회 준비

본선 진출이 결정되면 먼저 전달받은 공지에 있는 일정들을 꼼꼼히 확인해야 한다. 합숙이 있다면 합숙 일정부터 대회 일정까지 전부 체크해두자.

지정된 곳에서 의상을 준비해야 하는 경우 피팅 일정을 확인하고 가능한 시간을 예약하라. 의상부터 액세서리까지 전부 개별적으로 준비해야 한다면 최대한 빨리 알아보고 구입하거나 대여하도록 하자.

대회에 관한 공부도 소홀히 해서는 안 된다. 지역 특산물 아가씨나 홍보대사를 뽑는 대회같이 성격이 뚜렷한 대회들의 경우 숙지해야 할 것들이 더 많다.

합숙

합숙 또한 대회에 따라 진행 여부가 다르다. 합숙을 생략하고 바로 본선을 치르는 대회도 있다. 합숙을 진행하는 경우 짧게는 1박 2일, 길게는 한 달 정도의 시간이 소요되기도 한다.

합숙 기간 동안에는 다양한 프로그램이 진행된다(대회마다 상이하다). 팸플릿이나 홍보에 사용될 프로필 사진과 영상을 촬영하기도 하고, 보도자료나 홍보용으로 사용될 기념 촬영도 진행한다. 또한 대회를 협찬하는 협찬사를 방문해 홍보를 돕기도 한다.

합숙 기간 동안은 본 대회를 위한 전반적인 연습을 진행한다. 이 연습에는 무대 동선 체크, 스피치, 퍼포먼스 등이 있다. 단체 장기 자랑은 열심히 하게 되면 다른 후보들보다 눈에 띌 수 있는 위치에 배치되기도 한다. 개인 장기 자랑 또한 마찬가지다. 다른 후보들과 차별화된 장기 자랑은 본인을 돋보이게 해주는 요소로 작용한다. 합숙 기간 동안 노메이크업 심사가 이루어지기도 한다.

또한 사전 면접 심사가 치러지는 경우도 있다. 후보자가 가지고 있는 기본 인성과 지식 수준을 사전에 평가하는 것이다. 무대에서 보여지는 단편적인 모습만으로는 후보자의 인성이나 사상, 태도를 평가하기 힘들기에 합숙 기간 동안 전체적인 태도, 대회에 임하는 자세 등을 심층 평가해 심사에 반영한다.

종종 합숙 태도가 불량하고 다른 후보자들과 잡음을 일으킨 후보들은 좋지 못한 결과를 얻기도 한다. 합숙 기간 동안 성실히 최선을 다할 것을 명심, 또 명심하자.

본선

본선 날에는 보통 사전 리허설을 진행한다. 리허설을 통해 무대 동선, 소요 시간, 음향, 조명 등을 체크하고 후보자들이 무대를 익힐 수 있는 시간을 제공한다. 이때 제대로 숙지하지 않으면 본무대에서 실수하거나 사고가 발생하기도 한다. 이는 후보자 본인의 점수에 마이너스가 된다.

본 대회가 진행되면 각종 심사를 시작한다. 자기소개, 질의응답, 의상별 심사, 장기 자랑, 외모 등 주어진 평가표에 따라 다방면에서 평가를 하게 된다.

이를 통해 가장 높은 점수부터 차순위가 결정된다. 대회마다 조금씩 다르지만 진선미와 협찬사, 특별상으로 나뉜다. 예전에는 진선미를 한 명씩 뽑았다면, 요즘은 진선미를 통틀어 5~7명 정도 뽑는 대회가 늘어나고 있다. 점수에 따라 등수를 나누어 수상자를 뽑는 대회가 아니라면 중복 수상도 가능하다.

다양해지는 진행 방식

미인대회의 통상적인 진행 과정을 설명했지만, 미인대회가 다양해지면서 진행 방식 또한 다양해지는 추세다.

예선에서 몇 차례에 걸쳐 후보자들을 떨어뜨리고 토너먼트 식으로 최종 본선 인원을 선발하는 대회도 있다. 또한 본선에 진출해도 중간 오디션을 통과하지 못하면 최종 무대에 오르지 못하고 탈락하기도 한다. 이외에도 서너 개의 타이틀을 묶어 한 번에 대회를 개최하며 각각의 1위를 뽑는 대회도 있다.

몇 년 전 미스코리아 대회는 와일드카드라는 새로운 제도를 도입했었다. 미스코리아 지역 진, 선, 미로 뽑힌 후보 외에 끼와 재능이 출중하지만 아쉽게 탈락한 후보에게 본선 진출권을 주는 특별상 제도인데, 이런 제도만 보더라도 미인대회의 진행 과정과 방식이 얼마나 다양해지고 있는지를 알 수 있다. 사전에 이러한 진행 과정들을 파악한 뒤, 본인에게 맞는 대회를 선택하고 준비하는 것이 필요하다.

나에게 맞는
미인대회 찾는 법

미인대회 성공에서 가장 중요한 포인트는 나에게 맞는 대회를 찾는 것이다. 도전자가 아무리 좋은 조건을 갖고 있더라도 그 대회가 추구하는 것과 다르면 수상하기 어렵다.

추구하는 목적

미인대회에 참가하기 전 가장 먼저 해야 하는 것은 참가 목적을 잘 생각해보는 것이다. 예를 들어 본인이 한복을 좋아해서 향후 한복과 관련된 활동을 하고 싶은데, 드레스나 비키니가 주가 되는 대회에 참가하는 것은 원하는 방향과 연관성이 없을 수 있다.

또한 세계대회에 출전하여 국제적으로 활동 영역을 넓히는 것이 최종 목표인데, 세계대회 출전권이 없는 대회에 출전하는 것도 진로에 도움이 되지 않는다.

일정

내가 가르쳤던 학생 중, 준비를 다 해놓고도 대학원 일정과 조율이 되지 않아 대회를 포기한 경우를 본 적이 있다. 결국 울며 겨자 먹기로 비슷한 성격의 다른 대회에 출전했지만, 아직까지도 출전을 포기할 수밖에 없었던 상황을 아쉬워한다.

이렇듯 일정도 대회를 선택하는데 큰 요소가 된다. 가장 염두에 두어야 하는 것은 본인이 대회에서 요구하는 일정을 다 소화할 수 있느냐는 것이다. 합숙이 있는 경우 짧게는 며칠, 길게는 한 달이 넘는 시간을 투자해야 한다. 또한 합숙이 없어도 특정 일정을 맞춰 대회 연습을 하기도 한다.

대회를 선택하면서 합숙 일정과 대회 일정을 함께 체크하자. 학생이라면 수업과 대회가 병행 가능한지 확인하라. 일정 조율이 여의치 않다면 공문이나 관련 증빙 서류로 출석 혹은 수업 대체 가능 여부도 확인하자. 휴학을 하는 것도 한 가지 방법이다.

이외에도 변수에 대비해 어느 정도의 여유 일정까지 계산하고 대회에 출전하는 것이 좋다.

이미지

이미지도 대회를 선택함에 있어서 중요하다. 예를 들어 글래머러스한 섹시 이미지인데 단아한 이미지를 추구하는 대회에 출전하면 어울리지 않는다. 여러 가지 요건들을 반영해 본인의 이미지에 어울리는 대회를 나가는 것이 유리한 결과를 얻을 수 있다.

본인이 평소 어떤 이미지인지, 어떤 신체적 특징을 가지고 있는지 파악해보자. 이를 확실하게 파악해야 대회 출전과 효과적인 이미지 연출이 가능하다.

키가 크고 몸매가 날씬한 것이 장점이라면 비키니나 드레스 심사가 있는 대회를 추천한다. 반대로 키와 체형이 아담하며 단아한 이미지라면 한복대회에서 더 두각을 나타낼 수 있다. 정확한 이미지는 이미지 컨설턴트나, 관련 분야의 전문가에게 자문을 구하면 보다 쉽게 자신의 이미지와 신체 장단점을 파악할 수 있다.

키

나는 미인대회 출전자들에게 '고고익선(高高益善)'이라는 말을 사용한다. 사실상 키가 크다고 해서 불리한 대회는 없다. 167센티미터 이상이라면 어지간한 대회에 출전 제한은 없다고 봐도 무방하다.

반면에 키가 작은 사람들은 지원 자격을 잘 살펴봐야 한다. 키 제한이 있는 대회들이 있기 때문이다. 이런 대회들은 경우에 따라서 예선 혹은 합숙 때 실측을 하기도 한다. 이때 지원서에 기재한 내용보다 작을 경우 감점 대상이 될 수도 있고, 탈락 요인이 되기도 한다.

키가 작은 경우 수상의 확률을 조금이라도 높이려면 키 제한이 없는 대회가 유리하다. 혹은 키 제한이 있더라도 제한치가 낮은 대회가 좋다.

키가 작다고 해서 아예 미인대회에 출전을 하지 못하는 것은 결코 아니다. 제한치에 조금 못 미치더라도 다른 장점들을 부각시키면 충분히 가능성은 열려 있다. 키는 수많은 평가 요소 중 하나일뿐 절대적 평가 기준은 아니라는 것을 기억하자.

나이

나이 제한이 있는 경우 대회마다 자격이 제각각이기 때문에 출전 가능한 나이를 꼭 확인해야 한다. 주민등록상의 나이인지, 생일자 기준인지에 따라서도 출전 자격이 달라진다.

지역 아가씨 대회는 보통 20대 중반, 미스코리아는 만 25세, 전국춘향선발대회는 만 23세를 기준으로 나이 제한을 두고 있다. 나이 제한을 확인하지 않고 출전한 것이 문제가 되어 수상이 박탈되는 경우도 있으니 꼭 확인해야 할 사항이다.

그리고 연령대를 나누어 놓은 대회들도 있다. 미혼과 기혼을 나누지 않고 연령대, 예를 들어 19~29세, 30~39세, 40~49세 등으로만 나누는 대회가 있는가 하면, 미혼과 기혼으로 나눈 후 다시 그 안에서 연령대별로 나누는 경우도 있다. 즉, 미혼 19~29세, 30~39세,

40~49세, 기혼 20~39세, 30~39세, 40~49세, 시니어 부문으로 나누기도 한다.

이 또한 출전 시 본인에게 유리하게 작용하는 연령대를 파악하여 지원하는 것이 도움이 된다. 예를 들어 본인의 나이가 30세인데, 20대 부문에 들고 싶어 만 나이를 적용해 20대 부문으로 들어갔다고 가정해보자. 20대와 함께 심사를 받게 된다면 속한 연령대에서 가장 연장자가 되기 때문에 장단점이 있을 수 있다. 이렇듯 본인이 어느 분야에 속해서 심사를 받을지 또한 잘 생각하고 결정해야 한다.

결혼 유무

미스와 미시즈 대회를 나누는 가장 큰 척도다. 보통은 서류상의 혼인 유무로 판단한다. 미스 대회 같은 경우 서류상 혼인 내역이 없어야 한다. 반대로 미시즈 대회 중에서는 혼인을 증빙하는 서류를 제출해야 하는 대회도 있다. 간혹 기혼자가 미혼이라고 속이고 대회에 출전하기도 하는데, 적발될 시 대회 출전은 물론이고 수상까지 박탈될 수 있음을 꼭 명심하자.

학력

학력 제한이 없는 대회들은 상관없지만, 제한이 있는 대회들도 있다. 고졸 이상부터 대회 출전이 가능한 대회도 있고, 고등학교 재학 중에도 지원 가능한 대회가 있다. 월드미스유니버시티대회는 대회 특성상 대학생, 대학원생으로 출전 자격을 제한한다. 대회마다 기준은 상이하다.

지역

지역 특산물 아가씨 대회나 홍보대사를 선발하는 대회 같은 경우 참가 조건이 다양하다. 전국대회인 경우도 있고, 지역 연고자로 출전이 제한되기도 한다.

전국 대회인 경우라도 그 지역 출신이나 거주자에게 가산점을 주거나, 수상자 중 한두 자리를 별도로 선발하는 대회도 있다. 지역 연고자로 제한을 둘 경우, 대회에서 요구하는 요건들을 충족하고 증빙서류 제출이 가능해야 한다. 그렇기 때문에 본인이 특산물 아가씨 대회나 지역 대회에 출전하려고 한다면, 가산점이나 혜택을 받을 수 있는 요건과 자격이 되는지 확인한 후 지원하는 것이 좋다.

'미인대회 지원서'가 당신의 성공을 결정한다

떡잎부터 다른 시작

"예령 씨, 자기랑 나는 시작점부터 달랐네."

같은 대회에 참가했던 한 후보자가 내 참가 지원서를 보고 했던 이야기다. 그녀는 나름 대회에 열심히 임했는데 노력에 비해 결과가 좋지 않았다. 같이 이야기를 나누다 어디서부터 어긋난 것인지 그 이유를 깨달았다. 그녀는 참가 지원서를 작성할 때 지원 동기에 단 세 줄만 써서 제출했던 것이다.

나는 그 대회를 준비하며 지원서 작성에만 일주일 이상이 걸렸다. 대회의 성격이 뚜렷했기에 다른 대회와 양식 자체가 아예 달랐다. 대회가 추구하는 인재상과 내 과거 경험들의 접점을 찾아 버무리는데 온 정성을 쏟았다. 그에 반해 그녀는 간단한 인사 세 줄로 지원 동기를 마무리했던 것이다. 그녀는 시작부터 최선을 다하지 않았다.

취업이력서 = 미인대회지원서

수업 문의를 해오는 학생들에게 참가지원서부터 함께 작성할 것을 권한다. 미인대회 지원에 간혹 정말 간단하게 내용을 작성해서 제출하는 지원자들이 있다.

운이 좋은 경우는 그렇게 제출했음에도 수상을 하기도 하지만, 보통은 그렇지 않은 경우가 많다. 그 이유는 간단하다. 참가지원서는 나라는 사람의 정보를 담은 이력서이기 때문이다.

요즘 취업준비생들이 회사에 지원할 때 쓰는 이력서를 본 적이 있는가? 공채 시즌마다 적게는 몇 개에서 많게는 몇 십 개까지 이력서를 작성한다. 지원 동기나 자기소개에 관한 항목은 회사마다 요구하는 양식이 달라 매번 새로 써야 하는 경우도 있다. 그만큼 손이 많이 가는 부분이다.

그중에서도 정말 간절히 입사를 원하는 회사에 제출할 이력서에는 간절함을 담아 이력서에 공을 들인다. 당연히 시간이 걸릴 수밖에 없다. 진심으로 들어가고 싶은 회사에 제출할 이력서를 대충 쓰는 사람은 절대 없을 것이다. 회사 입장에서는 누가 봐도 성심성의껏 이력서를 작성한 지원자와 성의 없이 몇 줄 써서 달랑 제출한 지원자 중 누구를 뽑고 싶겠는가? 당연히 전자일 것이다.

미인대회도 마찬가지다. 미인대회 참가지원서는 일반 회사의 이력서와 항목은 조금 다를지 몰라도 그 기본 맥락은 같다. 각 후보자가 어떤 목표로 대회에 지원을 하게 되었는지, 어떤 각오로 임하는지 참가지원서만 보더라도 판단할 수 있다. 지원서에 쏟은 정성을 보면 후보자의 자세와 성의가 고스란히 느껴진다. 성심 성의껏 참가지원서를 작성한 지원자는 자연스럽게 좋은 인상으로 남기 마련이다.

모든 대회가 서류 심사에서 통과되는 것은 아니다. 내용 기재에 충실하지 않은 경우, 혹은 지원자가 많아서 서류 심사부터 쟁쟁한 경우에는 탈락할 수도 있다. 이때 가장 먼저 걸러지는 지원서들이 성의 없이 대충 작성한 것들이다. 성의 있게 제출하는 것만으로 적어도 1차 심사를 통과할 수 있는 확률은 높아진다. 지원서 작성 시 항목별 유의해야 할 점들을 알아보자.

지원서 항목별 작성 요령

대회 참가지원서 작성 시 항목별로 작성 요령을 정리하면 다음과 같다.

키, 몸무게, 신체 사이즈

거의 모든 대회에서 공통적으로 요구하는 항목이다. 대회마다 차이는 있지만, 신체 사이즈를 중시하거나 공정성을 우선으로 하는 대회에서는 사이즈를 실제로 측정하기도 한다. 이럴 경우 허위로 기재할 시 감점의 요인이 되기도 한다. 최대한 솔직하게 작성하는 것을 원칙으로 하자.

수상 경력

대회의 성격에 맞게 수상 경력을 기재해야 한다. 간혹 수상 경력이 많을수록 좋을 것이라 생각하는 지원자들이 있다. 이는 잘못된 생각이다. 대회마다 각자가 가지고 있는 성격이 다르기 때문이다.

예를 들어 전통미를 뽐내는 한복대회에 출전하면서 비키니 대회 수상 경력을 기재하는 것은 추천할 만한 경력이 아니다. 또한 타 대회 수상자들은 아예 지원하지 못하도록 제한을 두는 대회도 있다. 이런 경우 또한 다른 대회 수상 경력을 기재하는 것은 불리하다.

너무 많은 대회에 참가하고 수상한 이력을 쓰는 것도 지양하자. 자칫 '꾼'으로 취급되어 탈락시키는 경우도 생긴다. 대회의 성격에 맞는 한두 가지의 수상 경력만 기재하거나, 어떤 것이 본인에게 유리하게 작용할지 신중히 판단 후 기재하는 것이 좋다.

활동 경력, 자격증

모델 활동이나 방송 경력 등 누군가 앞에 섰던 사람은 자신을 표현하는데 능숙할 것이라는 기대감을 준다. 수상 시 다방면으로 활동할 수 있는 인재라는 것을 보여줄 수도 있다. 이런 경력은 적극적으로 기재하도록 하자.

간혹 내세울 만한 경력이 없다고 걱정하는 지원자들도 있다. 꼭 방송이나 무대 경험이 아니라도 상관없다. 본인이 살면서 경험한 다양한 활동들을 선별해 기재하면 된다.

경력이 없는데 굳이 억지로 만들거나 거짓으로 기재할 필요는 없다. 참가지원서는 최대한 솔직하게 작성하는 것이 좋기 때문이다. 자격증 또한 마찬가지다. 대표적인 활동 경력, 자격증을 합쳐 서너 개만 작성하면 된다.

장래희망, 포부

장래희망과 포부는 대회와 연결성 있게 작성하는 것이 좋다. 예를 들어 세계대회에 출전하는 대회이고 본인이 외국어에 능통하다면 본인의 외국어 실력과 세계대회의 연결고리를 만들어라.

〈예시〉

저의 꿈은 국제 통역사입니다. 영어 통번역과 관련된 자격증을 보유하고 있으며, 현재 회사에서 통역사로 활발하게 활동하고 있는데요. 제가 이 대회에서 수상을 하게 된다면 세계무대에서 동시통역이 가능한 저의 언어 실력과 외국 바이어들을 상대한 경험들을 적극 발휘해 한국의 문화를 외국인들에게 홍보할 자신이 있습니다. 제 능력을 활용해 한국의 위상을 드높이고 싶습니다.

위 예시처럼 작성한다면 길지 않은 문장임에도 본인의 장래희망과 대회에 임하는 포부까지 어필할 수 있다. 미인대회와 관련이 없거나 미인대회의 성격에 반하는 내용은 피하도록 하자.

자기소개, 지원 동기

자기소개나 지원 동기를 작성하라고 하면 대개 시작부터 어려워한다. 과거에 흔히 했던 자기소개, 예를 들면 "저는 1남 1녀 중 장녀입니다. 화목한 가정에서 평범하게 자랐고…" 형식은 요즘의 추세와 맞지 않다.

학력, 취미, 특기, 살면서 쌓았던 경험 등 내가 가장 자신 있게 어필할 수 있는 것들을 생각해보자. 서술형으로 줄줄 작성하기보다는 내가 중점적으로 내세우고 싶은 것들 한두 가지를 포인트로 잡아라. 그 포인트를 중심으로 내가 어떤 사람인지, 어떤 장점이 있는지를 집중적으로 작성하라. 대회와의 연관성을 만들어 내가 어떤 영향력을 발휘할 수 있는 사람인지 어필한다면 더욱 효과적이다.

지원 동기 또한 마찬가지다. 나에게 어떠한 능력이 있고, 어떤 활동을 하고 싶어 지원하게 되었는지를 장점과 연관지어 작성하라.

참가지원서는 나라는 사람을 직접 보여주기 전, 글로 먼저 보여주는 것이다. 참가지원서를 열심히 작성하다 보면 내가 대회에 지원한 이유, 어떤 각오로 임하는지를 한 번 더 생각해보게 되고, 대회에 임하는 마인드도 달라지게 된다.

특히 지역특산물 아가씨, 홍보대사 선발대회 등 성격이 뚜렷한 대회는 지원서 작성에 더욱 신경 써야 한다. 본인이 어떤 장점과 능력을 가지고 있는지, 이것으로 어떤 홍보 효과를 가져올수 있을지를 성실하게 작성한다면 심사위원이나 관계자들의 눈에 띌 수 있다.

제출서류

최종적으로 지원서를 제출하기 전에 함께 제출해야 할 서류들도 꼼꼼하게 확인해야 한다. 예를 들어 나이 제한이 있는 대회의 경우는 나이를 확인할 수 있는 서류, 지원 자격이 지역 연고자인 경우는 관련 서류, 기혼자의 경우 결혼 유무를 알 수 있는 서류 등을 함께 제출해야 한다. 혹시라도 관련 서류가 미비해 서류 전형에서 불이익을 당하는 일이 없도록 꼼꼼하게 체크하자.

프로필 사진은
꼭 전문가에게 찍어라

프로필 사진으로 미리 콕 점찍어둔 후보가 있다?

내가 한 대회에 나갔을 때 있었던 일이다. 심사위원 열다섯 분과 각각 5분씩 대화를 나누는 사전 심사 시간이었는데 한 심사위원 앞에 앉자 이렇게 첫마디를 건네셨다.

"8번 후보군요! 사진 보고 기대하고 있었어요."

그분은 심사 전에 주관사에서 나누어준 팸플릿의 사진을 보고 호감이 가는 후보들 몇 명을 점찍어 두셨다고 했다. 그렇게 시작한 대화는 자칫 딱딱할 수 있는 5분의 시간을 화기애애하게 만들어주었다. 내 사진이 그분에게 기대감을 심어주었고, 덕분에 나도 편하게 어필할 수 있었다.

만약 내가 사진을 대충 찍었다면 어땠을까? 적어도 그 심사위원 분께 미리 호감을 얻지 못했을 것이다. 이렇듯 미인대회에서 사진은 정말 중요하다. 실물을 보기 전 지원자의 이미지를 가장 먼저 접할 수 있는 첫인상이기 때문이다. 실제로 내가 미인대회 심사를 하게 되거나 가르치는 학생들의 대회장에 가면 가장 먼저 보는 것이 팸플릿에 있는 후보자들의 사진이다.

지원서에 함께 제출한 사진은 후보자들의 프로필 책자에 인쇄되기도 하고 인터넷상에 후보자의 프로필을 올릴 때 사용되기도 한다. 대회를 진행할 때 심사위원들이 프로필 책자를 보고 후보자들을 미리 파악하는 경우도 있다.

신기하게도 사진을 보면 누가 수상할지 어느 정도 예측이 된다. 전문가에게 사진을 찍어서 지원서를 제출하면 그렇지 않은 후보들보다 성의 있게 준비했다는 인상을 준다. 그 인상은 대회가 끝날 때까지 긍정적인 영향을 미친다.

반대로 지원서 내에 첨부된 사진이 스마트폰을 사용한 셀카일 경우 성의가 없다는 인상을 줄 수 있다. 요즘은 스마트폰 앱으로 사진을 찍기도 하는데 이런 경우 화질이 좋지 않다. 그렇게 찍은 사진은 책자로 만들거나 인터넷에 올렸을 경우 깨지는 경우도 발생한다. 그렇기 때문에 사진은 최대한 화질이 좋은 사진(원본에 가까운 크기)을 제출해야 한다.

예외인 경우도 있다. 현재 미스코리아 선발대회에서는 스마트폰이나 디지털카메라로 직접 찍은 사진으로 지원할 것을 권장하고 있다. 지나치게 보정이 많이 되어 실물과 사진의 차이가 있는 경우 때문이라고 한다. 이런 경우를 제외하고는 대부분 사진은 전문 스튜디오에서 촬영하는 것을 추천한다.

프로필 사진, 부담 없이 찍을 수 있다

예전에는 프로필 사진이라고 하면 배우나 연예인 혹은 전문적인 직업을 가진 사람들이 찍는다는 인식이 있었다. 하지만 요즘은 일반인들도 다양한 용도로 사용하기 위해 흔히 찍는 추세다.

한 콘셉트당 몇 만 원 선으로 촬영을 할 수 있는 스튜디오도 있고, 헤어와 메이크업, 의상까지 전부 패키지로 제공하는 곳도 있다.

프로필 사진은 어느 스튜디오에서 찍느냐에 따라 이미지의 질이나 분위기가 많이 다르다. 그렇기 때문에 사전 검색을 통해 본인이 원하는 이미지, 콘셉트 등을 최대한 많이 찾아보고 가는 것이 중요하다.

스튜디오를 선택한 후 가능하다면 미리 유선상으로 혹은 방문을 통해 사전 미팅을 하는 것이 좋다. 어떤 콘셉트로 사진을 찍을 것인지 이야기를 나누고, 스튜디오에 비치된 의상이나 소품들을 미리 둘러본 뒤 준비 사항들을 체크하면 사진의 완성도가 높아진다.

대회마다 요구하는 사진이 조금씩 다르지만 일반적으로 상반신, 전신, 클로즈업 세 장 정도의 사진이 필요하다. 이때 사진마다 다른 느낌을 줄 수 있도록 각각의 사진은 콘셉트가 중복되지 않는 사진을 선택하는 것이 좋다.

스튜디오에서 전문적으로 사진을 찍게 되면 준비가 된 사람이라는 인상 외에도 다양한 효과가 있다. 제3자가 찍어주는 사진은 내 얼굴과 신체를 고스란히 대면하여 단점을 파악할 수 있다. 또한 어느 각도가 더 예쁜지, 피해야 할 각도는 어떤 것인지 전문가의 의견을 참고할 수도 있다.

의상

대회에 따라 콘셉트를 지정해주는 경우를 제외하고 의상은 디자인이 너무 화려하지 않은 것을 추천한다. 의상이 화려하면 얼굴보다 의상이 돋보일 수 있기 때문이다.

캐주얼 의상은 신체 라인이 드러나는 티셔츠에 스키니 바지를 추천한다. 티셔츠의 경우 흰색, 스키니 바지는 청바지 혹은 검은색으로 깔끔하게 찍으면 미인대회뿐만 아니라 다른 용도로도 활용할 수 있다.

여성스러운 느낌을 연출할 수 있는 의상은 원피스를 추천한다. 이때 원피스의 디자인은 복잡한 무늬가 없는 깔끔한 디자인을 선택하자. 무늬가 있는 원피스는 시선이 분산되고 깔끔함이 떨어진다.

원피스의 색상도 중요한데, 너무 어둡거나 칙칙한 색상은 피하도록 하자. 원피스 기장은 무릎 위로 5~10cm 이상 올라오는 것이 키가 크고 다리가 길어 보인다. 최대한 무릎 중간선을 내려가지 않는 것이 좋다. 목이 길게 올라오거나 기장이 긴 디자인은 키가 작아

보이고 답답한 느낌을 줄 수 있으므로 피해야 한다.

의상 컬러는 콘셉트별로 겹치지 않도록 준비하자. 스튜디오에 있는 의상과 믹스매치하면 더 다양한 결과물을 얻을 수 있다. 또한 의상의 라인을 살릴 수 있도록 보정 속옷을 활용하는 것도 방법이다.

액세서리, 신발

액세서리는 특별한 콘셉트가 있지 않다면 귀걸이나 목걸이 중 하나만 포인트로 하는 것이 깔끔하다. 귀나 손에 밀착되는 크기로 과하지 않은 것을 선택하자. 색상이 너무 강한 것도 시선을 분산시킬 수 있으므로 피하는 것이 좋다. 신발은 굽이 있는 구두를 신어야 한다. 키가 작은 경우 10센티미터 이상, 키가 큰 경우(170센티미터 이상)도 7센티미터 이상의 구두를 추천한다.

헤어, 메이크업

사진은 실제보다 얼굴이 밋밋하게 나온다. 그렇기에 헤어와 메이크업은 평소보다 조금 과하게 하는 것이 좋다.

하나의 스타일로 사진을 찍기보다는 콘셉트별로 헤어와 메이크업을 조금씩 달리하자. 원피스 콘셉트에서 머리를 풀고 촬영을 했다면, 캐주얼 콘셉트에서는 살짝 묶은 머리로 연출하는 등의 변화를 주면 또 다른 느낌의 사진들을 얻을 수 있다. 얼굴을 가리는 앞머리는 자연스럽게 옆으로 넘겨 얼굴을 최대한 깔끔하게 보일 수 있도록 하라.

메이크업 시 반짝이는 펄은 촬영할 때 조명에 반사되는 경우가 있으니 과도한 사용을 자제하자.

표정

표정은 사진에서 정말 중요하다. 아무리 예쁜 의상을 입고 멋진 포즈로 사진을 찍었더라도 딱딱하게 굳어 있는 표정은 좋은 인상을 주지 못한다.

스튜디오에서 촬영 후 사진을 선택할 때도 다른 부분은 보정이 가능하니 자연스럽고 예쁜 표정으로 찍힌 사진을 고르라고 한다. 배우 프로필 혹은 다른 용도의 콘셉트의 사진이라면 최대한 다양한 표정으로 찍는 것이 좋지만, 미인대회 프로필 사진은 조금 다르다. 호감을 줄 수 있는 부드러운 미소 혹은 화사하게 활짝 웃는 표정이면 된다.

스튜디오를 예약하고 가장 먼저 해야 하는 것 중에 하나가 표정 연습이다. 촬영 당일 스튜디오에 일찍 도착해서 포토그래퍼와 이런저런 이야기를 나누며 친해지면 긴장이 풀려 표정도 훨씬 부드러워진다.

포즈

미인대회용 사진은 얼굴과 몸매 위주의 깔끔하면서 세련된 느낌을 연출해야 하기 때문에 너무 과하거나 동적인 포즈는 금물이다.

정면과 15~30도 정도의 측면 각도를 추천한다. 손으로 얼굴을 과도하게 가리는 것은 피해야 한다. 허리에 한 손 혹은 양손을 가볍게 올린다든가, 팔짱을 낀 포즈, 배꼽 아래 단전에 두 손을 포개고 있는 정도면 된다.

다리는 양 뒤쪽 종아리와 허벅지를 최대한 맞닿게 붙여라. 이 상태에서 한쪽 다리만 살짝 앞으로 내밀거나 교차를 시키면 다리 라인을 살리는 포즈가 된다.

4장

미인대회
출전은
이렇게
준비하라

다음 무대가 기대되는
미인대회용 자기소개법

자기소개, 나만의 스토리 만들어라

자기소개는 사람들의 시선을 나에게로 집중하게 만드는 첫인사다. 무대에서 대면한 뒤 느끼는 첫 기억은 보통 자기소개로 결정된다. 비슷비슷한 멘트로 자기소개를 하는 사람들 속에서 차별점을 두고 임팩트 있게 표현하는 사람은 계속 기억에 남을 수밖에 없다.

인상 깊은 자기소개는 나라는 사람에 대한 기대감과 긍정적인 인식을 심어준다. 이후에 진행되는 무대까지 잘해낸다면, 좋은 인식은 더 배가되어 결국 좋은 결과로 이어진다.

하지만 많은 사람들이 무대에서 나를 표현하고 말을 한다는 것 자체에 대한 막연한 두려움을 가지고 있다. 자기소개를 어떻게 만들어야 하는지, 무대 위에서 어떻게 어필해야 하는지 감을 잡지 못하는 경우가 대부분이다. 몇 가지 포인트만 잡아내면 의외로 어렵지 않다.

소재 찾기

자기소개는 말 그대로 나라는 사람을 소개하는 것이다. 나를 효과적으로 표현할 수 있는 소재를 찾아야 한다. 가장 쉽게 찾을 수 있는 방법은 나 자신에 관련된 것들을 생각해보는 것이다. 나와 관련된 어떤 것이든 소재가 될 수 있다.

가장 쉽게 찾을 수 있는 소재는 이름이다. 이름의 뜻을 풀어서 자신을 소개할 수 있다. 학교를 다니고 있다면 전공을 가지고도 어렵지 않게 소개를 이어나갈 수 있다. 성격이나 가치관, 꿈을 가지고 소개한다면 좀 더 진정성 있는 자기소개로 느껴질 수 있다. 이외에도 취미, 특기, 수상 내역, 출전 동기, 특별한 경험 등 소재는 찾으면 무궁무진하다.

마인드맵 형식으로 나에 대해 작성하면서 가지를 뻗어나가다 보면, 생각하지 못했던 소재가 떠오를 수도 있고, 효과적인 자기소개의 전개 방식을 구상할 수도 있다.

포인트 단어 찾기

내 자기소개의 포인트는 '보석'이다. 소재 찾기를 통해 내 한자 이름에서 보석이라는 포인트 단어를 찾아 이를 자기소개에 활용했다.

내가 전달하고자 하는 내용과 포인트 단어의 연결고리를 찾아 엮으면 훨씬 편하게 자기소개를 만들어나갈 수 있다.

포인트 단어는 두세 번 정도 반복하는 것이 좋다. 반복적으로 포인트 단어를 말하게 되면 자연스럽게 그 단어가 관객들에게 인식이 된다. 나라는 사람을 또렷하게 기억하지 못하더라도 '1번 후보=보석으로 비유한 친구'가 되는 것이다.

주의할 점은 남들이 쉽게 이해해야 하기 때문에 추상적이거나 어려우면 안 된다. 표현하고 싶은 것이 많다면 두 개 정도만 활용하라. 너무 많은 포인트 단어가 들어가면 복잡해질 수 있다.

효과적인 도입부, 3초의 시간

자기소개에서 도입부는 정말 중요하다. 사람들은 맨 처음 멘트에 집중한다. 이를 '집중 멘트'라고 한다.

TV에서 홈쇼핑 채널을 본 적이 있는가? 오프닝 멘트를 할 때 쇼호스트가 "오늘 날씨 정말 춥죠? 감기 걸리기 딱 좋은 날씨예요. 아침에 출근하는데 저절로 몸이 움츠러들고 주머니에 손이 들어가더라고요"라고 하면 어느 순간 나도 모르게 고개를 끄덕끄덕 하며 집중하고 있을 것이다. 이처럼 첫 도입부에서 사람들의 이목을 집중시켜야 그다음 이야기에 관심을 가지고 듣는다.

사자성어, 속담, 명언 등 나의 자기소개와 연관지어 인용할 수 있는 것을 찾아보자. 혹은 짧은 외국어나 노래, 대회 슬로건을 말하는 방법도 있다. 사람들의 시선을 사로잡을 수 있는 시간은 도입부의 3

초라는 사실을 꼭 명심하자.

1분 이내로 만들어라

후보자들이 흔히 하는 실수가 있다. 나에 대해 최대한 많은 정보를 전달하고자 하는 욕심에 자기소개를 장황하게 늘어놓는 것이다. 이는 잘못된 방법이다.

자기소개는 1분 이내로, 최대한 임팩트 있게 전달해야 한다. 최대 1분 20초를 넘어가면 안 된다. 심사위원과 관객도 사람인지라 내용이 길면 기억하지 못한다. 아무리 좋은 내용이라도 지루해지면 전달력이 떨어질 수밖에 없다. 자기소개가 길면 후보자가 자기소개를 잊어버리는 경우도 생긴다. 자기소개는 1분 이내로, 임팩트 있게 전달하자.

비언어의 중요성

가끔 무대 위에서 긴장한 나머지 자기소개를 외운 그대로 줄줄 읊조리고 들어가는 후보들이 있다. 그럴 바에야 조금 어색하더라도 진정성 있게 자기소개를 하고 들어가는 게 차라리 낫다. 잘 만들어 놓고도 무대 위에서 효과적으로 표현하지 못한다면, 좋은 내용이 무슨 소용이겠는가. 비언어 또한 매우 중요한 요소다. 이를 잘 활용하면 시너지 효과를 낼 수 있다.

세련된 '솔' 톤으로

무대에 등장하며 눈길을 사로잡았던 후보가 첫 마디를 꺼내는 순간, 이미지가 와장창 깨지는 경우가 있다. 바로 이미지와 어울리지 않는 목소리와 말투 때문이다.

너무 하이 톤의 목소리는 가볍다는 느낌이 들고, 너무 저음의 목소리는 어둡다는 인상을 줄 수 있다. 아기같이 앵앵거리거나 저급한 말투는 신뢰감을 떨어트리고 저렴해 보인다.

우리가 흔히 TV에서 듣는 아나운서들의 목소리는 부담 없이 편하고 잘 들린다. 이 소리를 피아노 건반의 '솔' 톤에 표현하곤 한다. 솔 톤으로 연습을 하자.

감이 잘 오지 않는다면 자신의 목소리를 녹음해서 들어보자. 내 목소리의 높낮이와 말하는 습관, 말의 속도 등 장단점을 적나라하게 파악할 수 있다. '솔' 톤으로 반복적으로 녹음해 연습을 하다 보면 목소리가 훨씬 세련되게 변할 것이다.

완급 조절, 강약중강약으로

말에는 완급이 필요하다. 너무 조곤조곤 부드럽게만 말하면 임팩트가 없고, 전부 강하게 말하면 세고 시끄럽다는 생각이 든다.

각 문장마다 내가 강조하고 싶은 단어를 정하라. 그 단어는 '강'으로, 그 앞뒤는 '중강'으로, 나머지는 '약'으로 표현하라. 완급 조절을 잘하기만 해도 내가 전달하고자 하는 말들을 효과적으로 표현할 수 있다.

관객과 눈을 마주쳐라

무대 위에서 너무 떨린 나머지 시선을 바닥에 고정시키거나 허공을 바라보는 후보들이 있다. 눈은 마음의 창이라는 말처럼, 입으로 말하며 눈빛으로 감정을 전달해야 상대방에게 나의 이야기가 더 진실로 느껴지고 효과적으로 전달된다.

자기소개를 하는 동안 관객석, 심사위원들과 아이 콘택트를 하라. 대회장을 찾아준 지인을 보는 것도 좋은 방법이다. 눈을 직접 마주치는 것이 너무 부담스럽다면 가운데 자리에 앉은 심사위원의 정수리 부분에라도 시선을 두자.

나를 효과적으로 전달하는
스피치 트레이닝 기술

질의응답이 수상을 좌우할 수 있다

"이예령 후보자는 어떤 음식을 가장 잘 만드나요?"

"저는 요리 중에 닭볶음탕을 가장 즐겨합니다. 제가 직접 만든 소스로 요리하면 맛뿐만 아니라 건강에도 좋아 가족들에게도, 손님 접대용으로도 제격인데요. 저는 단순히 요리에 그치는 게 아니라 환경을 생각하는 마음으로 요리 후 닭 뼈는 꼭 일반 쓰레기로 분류해서 버리곤 합니다. 음식물은 재활용해서 가축들 사료로 사용하는 경우가 있어서 닭 뼈는 따로 분류해야 한다고 알고 있습니다. 미스 그린코리아는 친환경을 지향하는 미인대회로, 저의 이런 행동들이 진에 적합한 면이 아닐까 생각합니다."

2013년 미스그린코리아 대회에 나갔을 때 받은 즉석 질의응답에 대한 내 답이다. 그리고 이 대회에서 '진'을 수상했다. 수상을 할 수 있었던 이유에는 여러 요소가 있었겠지만, 즉석 질의응답에서 특히 높은 점수를 받았다는 후일담이다.

대회에 출전하는 지원자들이 가장 부담을 많이 느끼는 것을 꼽으라면 장기 자랑과 질의응답이 아닐까 싶다. 그중에서도 질의응답은 어떤 질문이 나올지 모르는 상황에서 즉흥적으로 이루어지는 경우가 대부분이라, 지원자들이 압박감을 많이 가지는 편이다.

나는 대회에 참가할 때나 학생들 수업을 진행할 때, 스피치에 가장 많은 시간을 투자한다. 질의응답 스피치로 순위권에도 없었던 후보가 수상권에 들고, 결과가 뒤바뀌는 것을 많이 경험했기 때문이다.

하지만 아무리 지식과 정보가 풍부할지라도 어떻게 풀어나가는가에 따라 결과는 달라진다. 말을 잘하는 것에도 요령이 필요하다.

스피치, 어떤 방식으로 진행되나요?

대회마다 조금씩 차이는 있지만 질의응답은 예선, 합숙, 본선에서 한 번은 꼭 이루어진다. 스피치 평가를 중요하게 여기는 대회에서는 예선, 합숙, 본선 등에서 여러 번에 걸쳐 심사를 하는 경우도 있다. 1대1로 진행되기도 하고, 1대 다수로 진행되기도 한다.

예선이나 합숙에서 스피치 심사를 하는 경우는 시간적 여유가 있기 때문에 개인적인 질문 외에도 다소 심층적인 질문을 받을 가능성이 높다.

본선 때 무대 위에서 하는 질의응답은 사회자가 한두 가지의 질문을 하는 경우가 대부분이다. 이 짧은 질의응답 시간에 재치 있고 깊이 있는 답변을 한다면, 다른 후보자와 차별점이 생긴다.

비속어를 쓰거나 저렴하게 느껴지는 말투는 부정적인 평가로 이어질 수 있기 때문에 주의해야 한다. 미인대회에 출전한 만큼 기본적인 품위와 이미지를 유지하자.

미인대회 스피치는 이렇게 하라

질문의 종류는 무궁무진하다. 참가자 개인 신상에 관한 가벼운 질문부터 나올 수도 있고, 대회와 관련된 내용이나 그 외에 정치, 시사, 이슈 같은 전문적인 주제가 나올 수도 있다.

간혹 정치, 시사 같은 어려운 질문은 아예 나오지 않을 거라고 간과하는 후보들도 있는데, 이런 생각은 자칫 큰 낭패로 이어질 수도 있다.

따라서 정치, 시사, 상식에 관련된 분야에도 관심을 가지자. 스마트폰 뉴스란 1면에 있는 인터넷 기사라도 매일 읽으면 훨씬 도움이 된다. 책을 읽고 인용할 만한 문구나 구절들을 메모해놓으면 스피치에서 활용할 수 있는 좋은 소스가 된다. 지식 정보가 풍부해야 나의 주장을 뒷받침할 근거와 말에 힘도 생긴다.

두괄식 스피치

두괄식 스피치는 핵심 문장, 가장 중요한 말이 제일 앞에 나오게 하는 것이다. 말의 뼈대를 먼저 잡아놓는다고 생각하면 된다. 뼈대를 먼저 잡아놓고 뒤에 살을 갖다 붙이면 말의 방향성이 흔들리지 않고 결론을 지을 수 있다. 질문에 대한 답을 하기 전, 내가 하고자 하는 말이 무엇인지 핵심 문장을 먼저 머릿속에 생각하고 답변을 시작하자.

실제로 상대방의 말에 집중할 수 있는 시간은 상당히 짧다. 그래서 핵심 내용인 결론을 먼저 말하고 그에 대한 설명이나 이유를 덧붙이게 되면, 내가 하고자 하는 말을 효과적으로 전달할 수 있다.

K.I.S.S 법칙

K.I.S.S. 법칙은 Keep It Simple and Short의 약자로, 스피치는 긴 것보다는 짧고 간결하게 하는 것이 좋다는 뜻이다.

미인대회에서 많은 후보자들이 실수하는 것 중 하나가 유창하게 말하려는 나머지 평소 사용하지 않는 단어를 사용하고 수식어를 붙이는 것이다. 거기에 사족까지 달게 되면 스피치가 길어지고 말이 중구난방이 된다.

본인이 하고자 하는 핵심 문장 뒤에 근거가 되는 두세 문장만 덧붙여 최대 5문장을 넘지 않도록 하자. 스피치는 깔끔하게 핵심만 전달해야 효과가 좋다. "네", "아니오" 같은 단답형 대답은 성의가 없다는 느낌을 줄 수 있으므로 절대 금물이다.

대회의 성격을 파악하라

대회의 성격을 파악하는 것이 중요하다. 앞서 예시로 들었던 미스그린코리아는 친환경을 지향하는 홍보 사절을 뽑는 대회다. 그렇기 때문에 환경 관련 질문이 나올 것은 충분히 예상 가능하다.

관련 질문이 아니더라도 나의 경험담을 환경 문제와 결합시켜 답변을 하면 임팩트 있게 어필할 수 있다. 어떤 질문을 받을지 몰라도, 몇 가지 경우의 수를 가지고 계속 응용해서 연습을 하다 보면 어디든 적용 가능하다.

응용 스피치

많은 참가자가 질의응답 스피치를 두렵게 여기는 이유 중 하나는 모든 질문에 각자 다른 대답을 해야 한다는 생각 때문이다. 그러나 실제로는 그렇지 않다. 위에서도 밝혔듯이 대회의 성격을 파악하고 내가 어필하고 싶은 내용을 활용한다면 생각보다 쉽게 풀어낼 수 있다.

예를 들어 '한국무용, 외국어 자격증' 보유가 내가 어필하고자 하는 핵심 포인트다. 대회의 성격을 파악해보니 세계대회에 출전하는 대회다. 이에 따른 각각 다른 질문을 받았다고 가정해보자.

Q: 즉석에서 보여줄 수 있는 장기 자랑이 있나요?
A: 저는 특기가 한국무용입니다. (핵심 문장) 고유의 춤선에 반해 오랫동안 배워오고 있는데요. 제가 진이 되어 세계대회에 출

전하게 된다면, 제 춤으로 한국 전통의 아름다움을 뽐내고, 능통한 외국어 실력으로 전 세계에 한국의 위상을 드높이고 싶습니다.(외국어 능력, 세계대회 출전 시 포부 어필) 혹시 실례가 되지 않는다면 이 자리에서 잠깐 보여드려도 될까요?(장기 자랑 어필)

Q: 진이 되어야 하는 이유는 무엇인가요?

A: 저는 외국어에 능통해 ○○자격증을 보유하고 있습니다.(외국어 능력 어필) 뿐만 아니라 한국무용을 특기로 하고 있는데요.(장기 자랑 어필) 가장 한국적인 것이 가장 세계적이라는 말처럼, 한국의 전통미와 뛰어난 외국어 실력을 갖춘 제가 누구보다 이 대회에 걸맞은 인재라고 생각합니다.(핵심 문장) 오늘 꼭 진이 되어 세계대회에서 한국의 아름다움을 널리 뽐내고 싶습니다.(세계대회 출전 시 포부)

Q: 꿈이 무엇인가요?

A: 저의 꿈은 국제 통역사입니다.(핵심 문장) 저는 외국어에 능통해 ○○자격증을 보유하고 있습니다.(외국어 능력 어필) 오늘 이 자리에서 진이 되어 세계대회에 출전한다면, 저의 꿈에 한 발짝 다가갈 수 있는 도약의 발판이 될 것 같습니다.(세계대회 출전 시 포부) 제가 꿈을 향해 뻗어나갈 수 있도록, 진이라는 선물을 주시지 않겠습니까?

분명 각기 다른 질문인데 같은 포인트로 응용해서 답변을 다 해 냈다. 여기서 조금의 여유가 더 생긴다면 미사여구로 꾸미거나 다른 내용을 덧붙일 수도 있다. 실제로 외형적인 부분이 다른 후보자들에 비해 뛰어나지 않아도 스피치 실력으로 높은 순위에 오르는 경우를 종종 본다. 나 또한 내가 가지고 있는 단점을 스피치 실력으로 채우려 노력했다.

나는 미인대회 출전자들 사이에서 '스피치의 여왕'으로 불린다. 적어도 미인대회에서 효과적으로 나를 표현할 수 있는 스피치만큼은 누구보다도 잘할 수 있는 나만의 요령이 있다. 스피치는 응용해서 연습을 많이 해보는 것도 중요하다. 스피치나 워킹, 포즈는 몸으로 하는 것이기 때문에 직접 부딪히고 연습해보지 않고는 절대 감을 잡기가 어렵다.

글만으로 감이 잘 오지 않는다면 관련 학원을 다니는 것을 추천한다. 단, 미인대회 스피치는 미인대회 관련 수업을 진행해본 경험이 있는 학원에서 받는 것이 좋다.

미인대회에 자주 나오는 질문 30선

1. 대회에 출전한 이유는 무엇인가?
2. 오늘 대회를 위해 가장 열심히 준비한 것은 무엇인가?
3. 대회에 대해 아는 대로 이야기해보라.
4. 본인이 진이 되어야 하는 이유가 무엇인가?
5. 내가 진이 된다면 어떤 일을 하고 싶은가?
6. 지금 기분은 어떤가?
7. 즉석에서 자신을 어필해보라.
8. 참가자 중 본인의 라이벌이라고 생각하는 후보는 누구인가?
9. 응원 오신 분이 있는가?
10. 가장 존경하는 사람은 누구인가?
11. 자신에게 가장 소중한 것은 무엇인가?
12. 성형수술에 대해 어떻게 생각하는가?
13. 소원을 들어준다고 하면 무엇을 빌 것인가?
14. 할 줄 아는 외국어가 있는가?
15. 최근에 읽은 책은 무엇인가?
16. 잘하는 음식은 무엇인가?
17. 본인의 장점과 단점은 무엇인가?
18. 자신을 색깔에 비유한다면 어떤 색인가?
19. 본인만의 스트레스 해소법은 무엇인가?
20. 본인이 생각하는 미인의 기준은 무엇인가?
21. 본인 이름으로 삼행시를 지어보라.
22. 자신의 신체 중 가장 자신 있는 부분은 무엇인가?
23. 대회를 준비하며 기억에 남는 에피소드는 무엇인가?
24. 앞으로의 꿈과 목표는 무엇인가?
25. 취미가 무엇인가?
26. 현재 우리나라의 당면 과제는 무엇이라고 생각하는가?
27. 최근 관심 있게 본 기사는 무엇인가?
28. 오늘 의상(드레스)의 콘셉트는 무엇인가?
29. 나만의 뷰티, 몸매 관리 비법은 무엇인가?
30. 미인대회에 대한 많은 논란이 있다. 이에 대해서 어떻게 생각하는가?

나에게 딱 맞는
콘셉트를 잡아라

백설공주 콘셉트, 모두의 상식을 깨다

몇 년 전 내가 심사를 보러 갔던 대회에서 만났던 정말 독특한 콘셉트의 후보가 지금도 기억이 난다. 캐주얼과 원피스 무대까지는 다른 후보들과 별 다를 바 없었다. 그런데 마지막 드레스 무대, 그녀의 등장과 함께 대회장이 술렁이기 시작했다. 동화 속에서 '짠!' 하고 나온 듯한 공주풍의 알록달록 풍성한 레이스 드레스에 같은 컬러의 양산까지.

그녀의 등장과 동시에 입이 떡 벌어졌다. 세상에, 어디서 저런 독특한 드레스를 구했을까? 내 시선은 그녀의 머리끝에서 발끝까지 몇 번이나 왔다 갔다 했다. 내가 여태까지 경험해온 미인대회 드레스의 공식을 정말 철저히 깨는 디자인이었다.

그녀는 아랑곳하지 않고 양산을 쓰고 무대를 누비기 시작했다. 양산으로 포즈를 취하기도 하고, 정말 공주가 된 듯한 표정은 너무나 즐거워 보였다. 아니, 즐겁다 못해 사람들의 시선을 즐기기라도 하듯 여유로워 보였다. 아마 그녀의 그런 모습이 사람들의 기억에 제대로 각인되었던 것 같다. 그녀는 그날 '베스트드레서상'을 수상했다.

나는 솔직히 그날 진, 선, 미가 누구인지 기억이 잘 나지 않는다. 오로지 그녀만 기억이 난다. 백설공주를 연상하게 하는 독특한 드레스 하나만으로 사람들의 시선을 단숨에 사로잡았고 수상까지 성공했다. 그녀는 아마 대회를 준비하면서 작정하고 그 드레스를 선택했을 것이다.

상위권 안에 들어가는 것이 최고의 결과겠지만, 그게 힘들다면 아예 다른 방향으로 콘셉트를 잡자라는 그녀의 계산이었으리라. 그리고 그 계산은 정확하게 적중했다.

생각을 바꾸면, 수상자가 될 수 있다

"1등을 하고 싶으세요? 아님 상을 타고 싶으세요?"

나에게 수업 문의를 해오는 분들에게 하는 질문 중 하나다. 미인대회에 출전하는 사람들의 공통된 목표는 '1등', '진'일 것이다. 이왕 나가는 거 1등 하고 싶은 마음은 너무 당연한 욕구 아니겠는가.

하지만 우리가 공통적으로 원하는 수상권의 자리는 한정적이다. 대회마다 조금씩 다르겠지만, 1등 한 명, 그 외에 차순위로 등수가 가려진다고 치면, 본상 수상자는 여섯에서 일곱 명 정도가 최대일 것이다. 나머지 몇몇은 특별상 혹은 협찬사 상을 수상하게 된다.

그리고 그 외에는? 무관이다. 결국 등수에 따라서 누군가는 상을 타게 되고, 누군가는 빈손으로 집으로 돌아갈 수밖에 없다. 1등의 주인공이 내가 된다면 얼마나 좋겠냐마는, 그렇지 못할 가능성이 더 높다.

'무조건 1등이다'라는 목표가 아니라면, 생각을 조금만 바꿔보자. 실제로 내가 수업을 진행했던 수강생 중, 특유의 말투가 잘 개선되지 않았던 E가 있었다. 아기같이 앵앵거리는 말투에 톤이 너무 높았다. 한마디로 입 열면 이미지 깨는 스타일이었다. 수업을 통해 조금씩 나아지기는 했지만 대회까지 남은 시간이 얼마 없었다. 이대로라면 수상 자체가 아예 힘들 것 같았다.

고민 끝에 다른 방향으로 콘셉트를 잡기로 했다. 몸매가 좋았고 다리가 엄청 길었기에 의상과 포즈로 몸매를 확 부각시키는 쪽으로 방향을 잡았다. 다행히도 E는 '모델상'을 수상했다.

또 다른 수강생 L의 이야기다. L은 웃는 모습이 너무 예뻤다. 하지만 무대에서 발산하는 에너지가 약하다는 단점이 있었다. 나는 L에게 합숙 때 모든 사람들 앞에서 미소를 유지하라고 했다. 대회 무대에서도 웃음을 아예 귀에 건 듯 장착하고 있으라고 주문했다. 그 콘셉트가 통했는지, 사전 심사에서 웃는 모습이 예쁘다는 칭찬을 많이 받았다고 한다. L은 내 예상대로 '스마일상'을 수상할 수 있었다.

남들과 다른 나만의 콘셉트로 장점을 최대한 살려서 수상 가능성을 높이는 것도 현명한 방법이다. 콘셉트를 잡아라. 남들과 비슷한 느낌에 눈에 띄지 않아 빈손으로 집에 돌아가는 것보다는 낫지 않겠는가.

나에게는 어떤 콘셉트가 어울릴까?

어떤 콘셉트가 미인대회의 정답이라고 한마디로 말할 수 없다. 다만 무엇이든 자신의 이미지에 맞게 강점을 콘셉트로 삼는다면 수상에 좀 더 가까워질 수 있다.

외적 이미지 콘셉트를 선택하라

미인대회 콘셉트라고 하면 크게 섹시함, 청순함, 우아함, 귀여움, 지적임 정도로 나눌 수 있다. 나의 이미지를 극대화시켜 보여줄 수 있는 콘셉트를 하나 정하라.

이때 주의해야 할 점은 본인이 좋아하는 콘셉트 이미지가 아니라, '본인에게 잘 어울리는 콘셉트의 이미지'여야 한다는 것이다. 본인이 가지고 있는 고유의 이미지와 이질감이 들거나, 대회의 성격과 동떨어진 콘셉트를 잡는 것은 마이너스가 될 수 있다.

평소 주변에서 본인의 이미지에 관해 평가한 것을 참고하라. 잘 모르겠다면 전문가에게 컨설팅을 받거나 상의하는 것을 추천한다.

나의 강점을 콘셉트로 잡아라

앞서 예시로 든 사례처럼 강점을 콘셉트로 잡는 방법도 있다. 웃는 모습이 예쁘다면 대회 내내 웃는 표정을 유지하고, 몸매 라인이 예쁘다면 몸매 라인을 부각시키는 포즈나 워킹, 의상을 선택하라.

또한 학벌이 좋거나 말을 잘한다면 스피치에 중점을 두고 지적인 이미지를 부각시켜도 좋다. 장기 자랑이 수준급이라면 그 부분으로 점수를 얻거나 관련 타이틀을 노릴 수도 있다. 다른 사람들보다 내가 잘하는 것, 뛰어난 점을 밀어붙이는 게 더 유리하다.

의상, 메이크업, 헤어로 콘셉트를 강조하라

내 이미지에 맞는 콘셉트를 정했다면 의상, 메이크업, 헤어로 콘셉트를 강조하자. 예를 들어 섹시한 콘셉트라면 헤어, 메이크업, 의상, 워킹, 포즈까지 섹시함으로 무장하자. 메이크업은 스모키 화장으로 눈매나 색조 포인트를 강조하고, 헤어는 화려한 스타일로 연출하는 것이다. 의상은 몸매 라인이 또렷하게 드러나는 핏 되는 스타일, 드레스는 등이나 가슴이 파여있는 디자인으로 과감한 시도를 하면 섹시미가 더욱 강조될 것이다. 다리가 길고 예쁘다면 드레스 옆부분이나 다리 앞쪽이 트여 있는 의상이나 드레스를 선택하는 것도 좋은 방법이다. 포즈나 워킹도 최대한 과감하고 섹시한 느낌으로 취하면 콘셉트를 부각시키는데 효과적이다.

퍼스널 컬러로
내 스타일에 색을 입혀라

퍼스널 컬러를 미리 알았더라면

오랫동안 미인대회에 출전하면서 컬러의 중요성을 알게 되었다. 예전에 한 대회에 출전하면서 무대용으로 마젠타 핑크 컬러의 원피스를 구입했는데, 이상하게 그 원피스만 입으면 얼굴이 까맣게 보이고 외모가 반감되는 느낌이 들었다.

차후에 퍼스널 컬러 진단을 받고 그 옷이 나에게 맞지 않는 색이었다는 사실을 알게 되었다. 나는 봄 웜톤(warm tone)인데, 마젠타 핑크 컬러는 겨울 쿨톤(cool tone)의 색상이었던 것이다.

진단을 통해 나에게 어울리는 컬러를 찾았고, 그 뒤로는 이를 효과적으로 활용하게 되었다. 드레스나 의상은 디자인이 아무리 마음에 들어도 내 퍼스널 컬러 타입에 맞지 않는 색이라면 선택하지 않는다.

그 때문인지 대회에 나가면 내가 입은 드레스나 액세서리가 예쁘다며 구입처를 물어오는 후보들이 꼭 한두 명은 있다. 내가 입었던 의상 컬러가 출전자들에게 유행이 되어 그다음 해에 비슷한 색의 의상들이 겹치는 웃지 못할 상황도 벌어졌다.

컬러의 중요성을 알게 된 후 수강생들에게 본인에게 제일 잘 맞는 최고의 컬러를 찾아주고자 '퍼스널 컬러 컨설턴트' 자격증을 취득했다. 그러고나니 수업을 진행할 때 퍼스널 컬러를 적극 활용하게 된다. 진단을 통해 수강생 개개인에게 어울리는 컬러 타입을 찾고, 그 안에서 베스트 컬러를 선별해 헤어, 메이크업, 드레스, 의상, 액세서리까지 전반적으로 두루두루 적용하고 있다. 학생들의 매력을 컬러로 극대화시켜주는 것이다.

퍼스널 컬러는 의상이나 메이크업에 활용해 외모를 돋보이게 해주는 용도로도 사용하지만, 퍼스널 브랜드를 만드는데도 중요한 요소다. 자신만의 색깔이 있다는 것은 사람들에게 쉽게 이미지를 각인시킬 수 있는 수단이 된다. 자신만의 퍼스널 컬러를 찾고 그 컬러를 퍼스널 브랜딩에 접목시키면 자신만의 아이덴티티를 가지게 되고, 더욱 효과적인 퍼스널 브랜딩 용도로 활용할 수 있다.

당신에게 어울리는 컬러는?

친구와 같은 색상의 화장품을 사용했는데 유독 내 얼굴에만 안 어울렸던 경험이 있는가? 혹은 마음에 드는 색상의 옷을 샀는데 실제로 입어 보니 겉도는 느낌이 들었던 적, 누구나 한 번쯤은 있을 것이다. 나에게 맞는 컬러가 아닐 경우 이런 현상이 발생한다.

퍼스널 컬러란 자신이 가지고 있는 신체 색과 조화를 이루어 생기가 돌고 활기차 보이도록 하는 개개인의 컬러다. 나에게 맞는 색상의 컬러를 사용하면 얼굴이 더 화사하고 생기 있게 보이지만, 맞지 않는 경우에는 피부결이 거칠어 보이고 투명감이 사라져 피부의 결점이 드러나게 된다.

같은 포즈, 같은 조명 아래에서도 이미지의 생동감이 달라 보이는 이유가 바로 이것 때문이다. 따라서 자신의 신체 색을 알고 퍼스널 컬러를 활용하게 되면 이미지 관리뿐만 아니라, 보다 매력적인 느낌으로 자신을 연출할 수 있다.

퍼스널 컬러는 봄, 여름, 가을, 겨울 사계절로 분류되어 있다. 그 다음으로 사계절 군 안에서 따뜻한 계절군인 웜톤(봄, 가을), 차가운 계절군인 쿨톤(여름, 겨울)으로 나눈다.

대체적으로 웜톤은 노란 색감이 더해진 따뜻한 계열의 화장품과 골드 액세서리가 잘 어울리며, 쿨톤은 푸른 색감이 더해진 핑크 계열의 화장품과 실버 액세서리가 잘 어울리는 특징이 있다. 각 타입별 특징을 살펴보자.

봄 웜톤

> **화사하고 생기발랄한 느낌**
>
> 1. 피부: 옐로 베이스의 따뜻한 색으로 희거나 노르스름한 빛을 띤다.
> 2. 눈동자: 옐로 브라운 계열로 골드 브라운, 밝은 갈색을 띠는 경우가 많다.
> 3. 머리카락: 황색이 가미된 갈색, 혹은 주황빛이 돌고 윤기가 난다.

봄 웜톤의 밝고 화사한 이미지를 잘 표현하고 싶다면 노란색이 가미된 선명한 원색과 핑크, 피치 등의 깨끗하고 밝은 컬러를 사용하면 좋다. 액세서리는 무겁지 않은 노란빛의 골드 컬러를 착용하면 피부 톤과 잘 어울린다.

피해야 할 색상으로는 푸른빛을 띠는 차가운 색과 무겁고 칙칙한 색상이다. 예를 들어 블랙, 화이트, 그레이, 네이비블루 등의 노란색이 가미되지 않은 차가운 색상을 매치할 경우 노숙해보일 수 있다.

여름 쿨톤

시원하고 청량한 느낌

1. 피부: 부드러운 우윳빛 피부에 핑크빛이 살짝 감돈다. 햇볕에 노출되면 붉게 달아오르는 경우가 많다.
2. 눈동자: 흐린 회색빛이 가미된 그레이 브라운을 띤다.
3. 머리카락: 눈동자와 머리카락의 색상이 비슷한 편이며 헤어 컬러는 흑갈색이나 회갈색이다.

깨끗하고 시원한 인상을 주며 매치하는 컬러에 따라 우아하고 세련된 이미지로도 연출이 가능하다. 여름 쿨톤의 베스트 컬러인 화이트 색상은 깨끗하고 소프트한 인상을 만들어준다. 또한 부드럽고 차가운 느낌의 파스텔 계열이나 아쿠아블루, 그레이 등의 색상도 여름 쿨톤만의 시원하고 청량한 느낌을 배가시키는 색이다.

이 타입에 어울리지 않는 색은 선명한 원색이나 탁하고 짙은 색 계열이다. 특히 가을 웜톤에게 잘 어울리는 카키나 버건디는 여름 쿨톤의 사람이 사용할 경우 더워 보이고 답답한 인상을 주므로 피하는 것이 좋다.

가을 웜톤

> **그윽하고 고급스러운 느낌**
> 1. 피부: 사계절 타입 중 가장 노르스름하다. 그윽하고 매트한 느낌을 주며 상대적으로 혈색이 잘 드러나지 않는다. 햇볕에 잘 타서 피부가 쉽게 갈색으로 변한다.
> 2. 눈동자: 어둡고 깊은 갈색, 중후한 느낌도 난다.
> 3. 머리카락: 깊은 갈색을 띤다.

가을 웜톤은 고급스럽고 차분하면서 성숙한 이미지다. 가을 웜톤에 어울리는 색상은 대표적으로 카키, 버건디를 들 수 있다. 따뜻한 황색 빛을 띠는 머스터드나 브라운, 올리브 그린도 가을 웜톤의 우아한 이미지를 더욱 돋보이게 한다.

이 타입은 레오파드, 체크 같은 화려한 패턴도 잘 소화해낸다. 피해야 할 컬러는 파스텔 톤이나 노란색이 가미되지 않은 차가운 톤의 색상이다. 이를 사용할 경우 어울리지 않는 색이 도드라져 보여서 이목구비와 조화롭게 어울리지 못한다. 액세서리도 실버보다는 골드 색상을 선택하는 것이 좋다.

겨울 쿨톤

> **카리스마 있고 도시적인 느낌**
> 1. 피부: 희고 푸른빛이 감돌며 투명하고 창백한 느낌을 준다. 간혹 가무잡잡한 피부도 있다.
> 2. 눈동자: 짙고 선명하며 검정색에 가깝다. 흰자위는 푸르다.
> 3. 머리카락: 푸른빛이 도는 흑갈색이나 검정색을 띤다.

카리스마가 느껴지면서 개성이 강하고 이지적인 느낌이 특징이다. 차가우면서 세련된 인상을 주기도 한다. 겨울 쿨톤은 전체적으로 강한 대비를 이루는 색상, 푸른색과 검정색을 바탕으로 한 채도가 높고 차가운 색이 잘 어울린다. 블랙과 화이트, 네이비와 블루, 로열 퍼플, 마젠타가 대표적인 색이다. 대비가 극명한 컬러를 함께 매치하면 더욱 세련되고 도시적인 느낌을 연출할 수 있다.

피해야 할 색은 탁하거나 노란기가 많이 섞인 색상이다. 겨울 쿨톤이 올리브나 코랄 핑크, 오렌지와 골드 색상 등의 웜톤을 사용할 경우 얼굴의 잡티나 주름이 부각되고 피곤해 보이는 인상을 줄 수 있다.

퍼스널 컬러 자가진단법

퍼스널 컬러는 보통 피부, 머리카락, 눈동자 등 여러 가지 신체적 특징으로 진단한다. 그렇기 때문에 하나의 특징만으로 가늠하기에는 다소 무리가 있다. 사람마다 가지고 있는 특징들이 조금씩 다를 뿐더러 미세한 차이만으로 진단 결과가 다르게 나올 수 있기 때문이다.

진단은 전문가에게 받는 것이 가장 좋지만 요즘은 간단한 테스트를 통해 자가 진단을 하기도 한다. 가벼운 마음으로 아래 표를 체크해보자.

웜톤	체크	쿨톤	체크
햇볕에 장시간 있으면 쉽게 탄다.		햇볕에 장시간 있으면 빨갛게 익는다.	
골드 액세서리가 잘 어울린다.		실버 액세서리가 잘 어울린다.	
피부에 노란기가 많다.		피부에 붉은 기가 많다.	
자연광에서 손목 혈관이 초록색을 띤다.		자연광에서 손목 혈관이 파란색을 띤다.	
머리카락 색이 브라운에 가깝다.		머리카락 색이 블랙에 가깝다.	
오렌지(피치) 계열 립스틱이 더 잘 어울린다.		핑크 계열 립스틱이 더 잘 어울린다.	
아이보리나 베이지색 티셔츠가 잘 어울린다.		순백색의 티셔츠가 잘 어울린다.	

다음 페이지에 나오는 그림 위에 양손을 올려놓고 봤을 때 어떤 손이 더 이질감 없이 색상과 어울리는지 판단해보자. 왼쪽이 더 잘 어울린다면 웜톤, 오른쪽이 잘 어울린다면 쿨톤일 가능성이 높다.

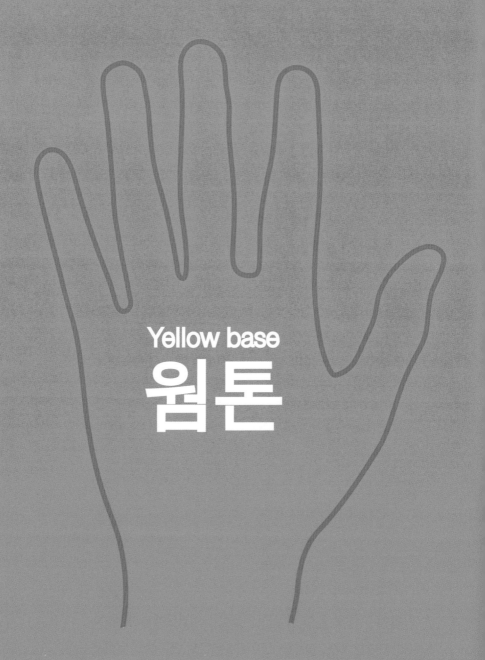

Yellow base
웜톤

※양손을 동시에 올리고 봤을 때, 손이 더 화사해 보이는 쪽이 자신의 톤입니다.

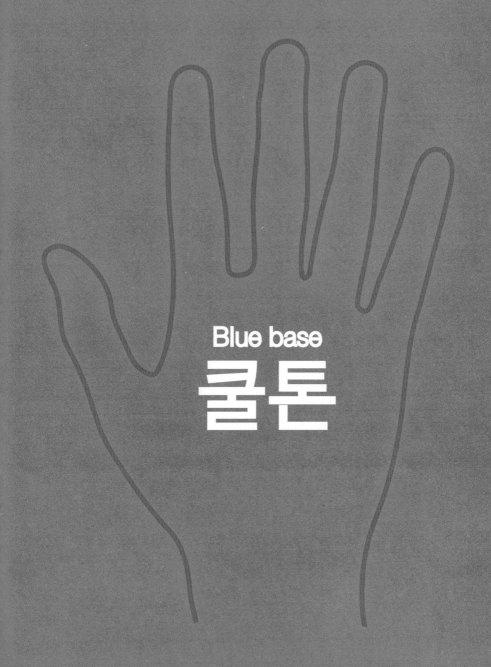

Blue base
쿨톤

※양손을 동시에 올리고 봤을 때, 손이 더 화사해 보이는 쪽이 자신의 톤입니다.

자신의 신체적 특징에 어울리게 스타일링하는 비결

신체의 장점을 극대화시키는 의상 연출법

의상을 고를 때 유의할 점은 본인의 퍼스널 컬러와 신체적 특징, 콘셉트다. 자신에게 가장 잘 어울리는 컬러를 선택하고, 신체적 특징과 콘셉트에 따라 어울리는 디자인을 골라야 한다. 의상을 고를 때에는 다른 사람과 동행해 타인의 시선으로 평가받는 것이 좋다. 피팅을 할 경우 사진을 찍어두면 비교 분석하는데 도움이 된다.

원피스

원피스는 합숙이나 본선 무대에서 여러 번 착용할 일이 생긴다. 그러므로 색상이 다른 여러 벌의 원피스를 준비할 것을 권장한다.

노출이 과한 디자인은 보는 상대방으로 하여금 부담을 느끼게 할 수 있고, 무대 위에서도 움직임에 제약이 생긴다. 반대로 신체를 너무 많이 가리는 디자인도 피하자. 팔다리 전체를 가리거나 길이 감이 긴 디자인은 답답한 느낌을 줄 수 있다.

기장은 무릎 위로 올라오는 것을 추천한다. 무릎 밑으로 내려가면 키가 작아 보이는 느낌이 들기 때문에, 특별한 콘셉트가 있지 않는 이상 종아리 아래로 내려가는 길이는 추천하지 않는다.

원피스는 너무 비싼 제품을 고르기보다는 적정선의 가격대를 선택하는 것이 좋다. 무대 위에서는 재질이나 브랜드가 중요하지 않다. 전체적인 느낌이 자신과 어울리는 것이 가장 중요하다. 인터넷이나 오프라인을 통해서 구입하고, 디테일을 수정하거나 내 신체 사이즈에 맞게 수선하면 된다.

드레스

드레스는 클라이맥스를 장식하는 의상이다. 그만큼 나의 콘셉트와 신체적 장점을 극대화할 수 있는 의상이다. 미인대회인 만큼 비즈가 많고 화려한 디자인이 무대 조명 아래서 빛난다. 어떤 디자인을 선택하느냐에 따라 단점을 커버할 수 있고 이미지도 확연히 달라진다. 그러므로 사전 피팅 때 가능한 많은 디자인을 착용해보고 선택하는 것이 좋다. 대표적인 드레스 라인을 살펴보자.

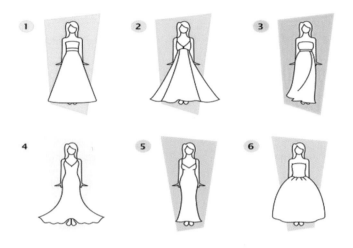

• 1. 에이라인   2. 프린세스라인   3. 컬럼라인   4. 머메이드라인   5. 슬립라인   6. 벨라인

• 에이라인(A-line)

가장 기본 스타일이고 클래식한 느낌이다. 키가 작고 통통한 체형부터 크고 날씬한 체형까지 어떠한 체형에도 무난히 어울린다.

• 프린세스라인(princess line)

공주처럼 고급스럽고 우아한 느낌을 더해주는 라인이다. 에이라인과 비슷해 보이지만 한층 더 우아한 느낌이 있다. 허리부터 아래로 퍼지기 때문에 키가 커 보이는 효과를 줘서 키가 작은 사람들에게 추천한다. 하체가 통통한 사람들은 하체를 가릴 수 있다는 장점이 있다.

• 컬럼라인(column line)

심플한 디자인이다. 깔끔한 디자인을 선호하는 사람들이 주로 선택한다. 그러나 키가 작고 상체가 통통한 사람들은 피해야 하며, 우아하고 화려한 느낌은 상대적으로 덜하다.

• 머메이드라인(mermaid line)

인어공주를 연상시키는 디자인으로 어깨부터 무릎까지는 슬림하게 내려오다가 무릎 아래로 퍼져 우아함과 멋스러움이 공존하는 라인이다. 키가 크고 신체 라인이 또렷한 사람들, 골반과 엉덩이가 있는 사람들이 입으면 몸매를 부각시켜주면서 신체의 장점을 적극 어필할 수 있다. 화려한 스타일을 선호하는 사람들에게 추천한다.

• 슬립라인(slip line)

섹시한 이미지가 강한 라인이다. 가슴과 골반이 큰 사람들에게 추천한다. 키가 큰 사람들이 입으면 몸매가 부각된다.

• 벨라인(bell line)

상체는 타이트하게 달라붙고 스커트는 볼륨감이 풍성한 라인으로, 상체 라인이 예쁜 사람들에게 추천한다. 하체가 통통한 사람들의 단점을 보완해줄 수 있다. 풍성한 스커트는 화려한 느낌을 더해 신체를 커보이게 해주는 효과가 있기 때문에 키가 작은 사람들에게 가장 추천하는 라인이다.

드레스 라인뿐만 아니라 네크라인도 중요한 요소다. 어떤 네크라인을 선택하느냐에 따라 같은 라인의 드레스라도 느낌이 달라진다. 따라서 단점 커버에도 효과적이다. 예를 들어 팔뚝 살이 많은 체형이라면 오프숄더로 팔뚝을 가릴 수 있는 디자인을 선택하자.

얼굴이 크고 동그랗다면 V넥이 슬림한 느낌을 더해준다. 어깨가 넓거나 승모근이 도드라지는 체형은 상체를 전부 노출하는 네크라인은 피하는 것이 좋다.

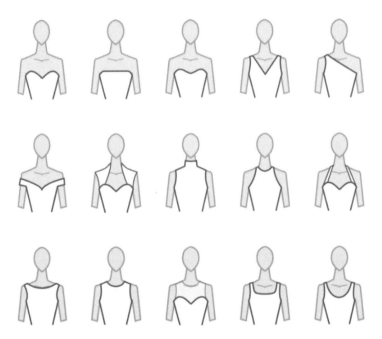

• 첫 번째 줄(왼쪽부터): 스위트하트(sweet heart), 스트레트 어크로스(straight across), 세미스위트하트(semi-sweet heart), 브이네크(V-neck), 에시매트릭(asymmetric)
두 번째 줄(왼쪽부터): 오프숄더(off-shoulder), 퀸앤(queen Anne), 하이네크(high neck), 홀터(halter), 홀터 스트랩(halter strap)
세 번째 줄(왼쪽부터): 보트네크(boat neck), 주얼(jewel), 일루전(illusion), 스퀘어(square), 스쿱(scoop)

한복

한복은 마르거나 통통한 사람 등 신체의 단점을 두루두루 보완해주는데 탁월한 의상이다. 한복 특유의 배색을 잘 활용하면 화려한 느낌을 극대화할 수 있다. 무대에서는 금박이 많은 한복이 돋보인다. 또한 치마의 풍성함을 더해주기 위해서는 페티코트를 착용하는 것이 좋다.

액세서리로 스타일을 살려라

의상에 시너지 효과를 더해주는 것이 액세서리다. 드레스나 원피스에 포인트가 없다면 액세서리로 보완할 수 있다. 대표적으로 많이 하는 액세서리는 귀걸이와 목걸이, 팔찌, 헤어제품이다. 액세서리를 어떤 디자인과 색상으로 착용하느냐에 따라서 이미지에도 차이가 난다.

귀걸이

귀걸이는 얼굴과 가장 근접해 있어 얼굴형을 보완하는데 효과적이다. 얼굴이 긴 사람들의 경우 둥근 라운드 형태의 제품을 착용하면 긴 얼굴형을 보완할 수 있다. 얼굴이 동그랗고 짧은 경우 세로로 길게 떨어지는 형태의 제품을 착용하면 얼굴선이 날렵해 보이고 세련된 느낌을 더해준다. 귀걸이는 크기가 작으면 잘 보이지 않기 때문에 멀리서도 잘 보이는 큰 제품을 추천한다.

• 둥글고 짧은 얼굴형을 보완해주는
디자인의 귀걸이

• 갸름하고 긴 얼굴형을 보완해주는
디자인의 귀걸이

목걸이

드레스나 원피스가 조금 밋밋한 느낌이 든다면 목걸이를 착용해 화려함을 더해줄 수 있다. 만약 드레스가 비즈감이 많고 화려하다면 목걸이는 착용하지 않는 것이 좋다. 목이 짧은 사람의 경우 목걸이를 착용하면 목이 더 짧아 보이는 역효과가 생길 수도 있으니 유의하자. 목걸이나 귀걸이 두 가지 중 한 가지에만 포인트를 주자. 두 가지 다 화려한 제품을 착용하면 자칫 과해보일 수 있다. 귀걸이를 화려한 제품으로 했다면 목걸이는 착용하지 않는 것이 좋고, 목걸이를 화려하게 했다면 귀걸이는 상대적으로 작은 제품을 착용하라.

팔찌

팔찌도 화려한 디자인을 추천한다. 민소매 드레스를 입었거나 팔뚝이 노출될 시 팔뚝에 착용하는 팔찌를 선택하면 시선을 분산시킬 수 있다. 다만 너무 과하게 팔 전체를 감싸는 디자인은 피하도록 하자. 만약 귀걸이와 목걸이를 둘 다 착용했다면 팔찌는 착용하지 않는 것이 좋다.

헤어 액세서리

헤어 액세서리는 헤어스타일에 아름다움을 더해줄 뿐만 아니라 헤어가 흘러내리지 않도록 고정해주는 효과도 있다. 헤어 액세서리의 형태는 다양하다. 핀으로 된 디자인, 티아라, 깃털 장식 등 여러 의상에 두루두루 어울리는 것을 선택하면 의상마다 교체하지 않아도 된다.

한복 헤어 액세서리는 알록달록한 색감이 다양한 것이 좋다. 하나만 착용하기보다는 다른 디자인을 여러 개 함께 섞어 사용하면 화려함을 더해준다.

• 비즈 헤어 장식

• 깃털 헤어 장식

• 다양한 한복 뒤꽂이

구두

구두는 대회에 따라 규정이 있는 경우가 있다. 굽이나 디자인을 정해주는 경우가 아니라면 토 오픈(toe open) 스타일 디자인이나 샌

들 형식을 선택하자. 앞부분이 트여 있어야 막힘없이 시원한 느낌을 주기 때문이다. 컬러는 화이트, 골드, 실버, 베이지, 핑크, 투명 등 피부색과 비슷한 것을 추천한다. 어두운 컬러는 다리와 발에 경계를 지어 단절감을 주기 때문에 다리가 짧고 키가 작아 보인다. 앞 가보시가 있는 제품이 안정감이 있다. 간혹 키가 큰 후보들이 낮은 굽을 신는 경우가 있는데, 키가 큰 후보들도 각선미를 살리려면 10센티미터 이상의 굽을 신을 것을 권장한다. 키가 작은 후보들은 13센티미터 이상, 워킹이 가능한 선에서 최대한 높은 굽을 신을 것을 추천한다.

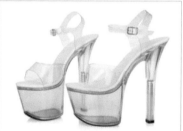

● 피부색과 비슷한 구두가 다리를 길어보이게 한다.

무대 위의 자신감,
당당하고 우아한 워킹

워킹, '진'처럼 걸어라

2018년도, 내가 미시즈유니버스 왕관을 물려주러 갔을 때다. 한 후보가 등장했고, 그녀의 시원하고 군더더기 없는 워킹을 보고 감탄을 했던 기억이 난다.

워킹에서 풍겨 나오는 그 여유로움과 당당함. 과하지도, 모자라지도 않은 딱 적당한 그녀의 워킹은 정석에 가까웠다. 걸어오는 그 순간부터 워킹만으로 시선을 사로잡았다.

이처럼 워킹은 무대에서 나를 보여줄 수 있는 중요한 요소 중 하나다. 멋진 의상을 입고 예쁘게 화장을 해도, 팔자로 터벅터벅 걷거나 자신감 없이 구부정한 자세로 걷는다면 그 매력은 반감된다.

워킹은 아름다운 자태와 바른 자세, 당당함을 보여주는 동시에 매력을 극대화해줄 수 있는 중요한 요소다.

셀프체크, 내 체형을 먼저 알자

우선 본인의 체형에 대한 체크를 해야 한다. 체형이 바르지 않으면 걸음걸이 또한 삐뚤어지거나 앞으로 쏠리는 등 불안정한 경우가 많기 때문이다. 체형 점검은 2인 1조로 했을 때 가장 효과적이다. 2인 1조로 할 상황이 여의치 않다면 머리끝부터 발끝까지 보이는 전신거울을 사용하자.

다음 5가지 단계로 내 체형을 체크해보자.

1. 전신이 보이는 큰 거울을 2.5~3미터 앞에 둔다.
2. 벽에 기대어 몸에 힘을 풀고 바르게 선다.
3. 발은 안쪽이 닿게 모아서 뒤꿈치를 벽에 기대고, 엉덩이와 어깨 그리고 뒤통수 순으로 차례로 벽에 기대어 선다. 팔은 자연스럽게 내려놓으면 된다.
4. 머리 방향, 눈썹선, 어깨 높이, 골반, 다리 벌어짐 유무, 손가락 끝선을 살펴본다.
5. 머리가 한쪽으로 쏠리지는 않았는지, 어깨 높낮이와 손가락 끝 선은 양쪽 대칭인지, 다리가 벌어지지는 않았는지 확인하고 대칭을 맞추는 연습을 한다.

보통 체형 진단을 해보면, 현대인들의 생활 습관상 어깨나 손끝선 양쪽 대칭이 안 맞는 경우가 대부분이다. 다리가 O자형, 혹은 X자형으로 되어 있거나 골반이 한쪽으로 빠져 있는 경우도 많다. 이 방법이 간단하게 본인 체형을 분석할 수 있는 방법이다.

구체적인 체형 교정은 올바른 워킹 자세 연습과 함께 필라테스, 요가 등 다양한 운동요법을 겸하면 도움이 된다. 체형은 살아온 습관으로 달라지기 때문에 오랜 시간에 걸쳐 지속적으로 노력해야 한다.

자세와 호흡이 무슨 상관이냐고?

체형을 분석했다면 이제 호흡을 가다듬을 차례다. 워킹과 호흡이 무슨 관련성이 있을까 싶겠지만, 둘은 떼려야 뗄 수 없는 관계다.

숨을 한번 크게 들이마셔 보라. 움츠러들었던 상체가 세워지면서 어깨도 함께 펴지지 않는가? 바로 이 점을 활용하는 것이다. 사람이 긴장을 하게 되면 본능적으로 몸이 빳빳하게 굳으면서 움츠러들게 된다. 이때 몸의 긴장을 풀 수 있는 방법이 호흡법이다. 허리를 쫙 펴고 숨을 크게 들이쉬었다가 내쉬기를 반복하라. 숨은 윗배나 갈비뼈 쪽에서 나온다고 생각하면 된다. 그럼 동시에 배에도 힘이 들어가게 된다. 이 호흡법을 반복하게 되면 긴장을 푸는데도 효과가 있다.

무대에서 당당한 모습을 보이려면 신체가 커보여야 한다. 잔뜩 긴장한 모습은 왠지 자신 없어 보이고, 키도 평소보다 더 작게 느껴질 수도 있다. 당당한 자세에서 당당한 워킹과 포즈가 나온다.

데콜테에서 빛을 쏴라

데콜테(décolleté)는 프랑스어로 '목둘레를 파다'라는 뜻이다. 간단히 목, 어깨, 가슴을 근처에 이르는 부분이라고 생각하면 이해하기 쉽다.

나는 수업 시 이 데콜테 부분을 강조한다. 데콜테 가운데 부분을 손으로 짚어주고, "이 부분에서 앞으로 빛을 쏜다고 생각해보세요"라는 주문만 해도 저절로 어깨와 가슴이 펴지면서 굽었던 자세가 개선된다. 어깨 펴라, 가슴 펴라, 수십 번 말하는 것보다 이 한마디가 더 효과적이다.

앞서 말한 호흡법 또한 데콜테와 밀접한 관련이 있다. 숨을 크게 들이마시면 데콜테 부분이 펴진다. 또 데콜테에서 빛을 쏜다는 상상을 하면 저절로 숨을 들이마시게 된다. 데콜테에서 빛을 쏴라. 당신의 자세가 달라진다.

당당하게, 우아하게, 길어 보이게

워킹은 개인 콘셉트나 의상에 따라 조금씩 방법을 달리한다. 기본적인 워킹을 배운 후 여기에 콘셉트별, 의상별 느낌을 디테일하게 더해줄 수 있다. 가장 기본이 되는 워킹 방법을 알아보자.

1. 셀프체크 때 했던 바른 자세를 취하고 다리를 곧게 편다.
2. 한쪽 다리를 반대편 무릎을 스치면서 살짝 올려준다.
3. 들어 올린 다리를 다시 반대편 무릎에 스치면서 내려온다.
4. 동시에 무게 중심이 앞으로 이동하면서 무릎을 쭉 길게 펴준다.
5. 자연스럽게 발을 내딛는다. 이때 보폭은 자신의 어깨 넓이 정도로 한다.
6. 팔은 과하지 않은 각도로 자연스럽게 교차해 흔들어준다.

미인대회 워킹에서 유의할 점이 몇 가지 있다. 당당하게 몸을 펴고, 우아하게, 또한 몸이 가벼워보여야 한다는 것이다. 팔은 힘을 빼고 자연스럽게 흔들리게 하되, 흐느적거리는 느낌이 든다거나 과도하게 각도를 벌리지 않도록 하자.

또한 같은 쪽 팔과 다리가 동시에 나가는 경우 로봇 워킹이 될 수도 있으니 유의해야 한다. 전문 쇼 무대에서는 다리를 길어 보이게 하려고 발 앞꿈치부터 닿게 하는 경우도 있지만, 미인대회는 전문 모델들의 무대가 아니기 때문에 뒤꿈치가 먼저 닿게 워킹해도 상관없다. 대신 다리는 길게 쭉 펴주어야 한다는 점을 잊지 말자.

힐을 신고 연습하라

미인대회 무대에서는 평소에 신던 구두보다 훨씬 높은 구두를 신게 된다. 굽이 높은 구두를 신으면 몸이 앞으로 쏠리거나 불안한 나머지 어색한 워킹을 하기도 한다. 이 때문에 실제로도 무대 위에서 휘청거리거나 넘어지는 사고가 종종 발생한다.

이를 예방하기 위해서는 연습 때부터 실전처럼 대회용 구두를 신고 연습하는 것이 중요하다. 미리 연습을 하게 되면 다리에 힘을 기를 수 있고, 감을 익히게 되어 무대에서 훨씬 편하게 워킹을 할 수 있다.

드레스나 한복 같은 길이감이 긴 의상은 워킹에 더더욱 신경을 써야 한다. 긴 치마를 밟게 된다거나 말려들어가는 경우가 허다하기 때문이다. 때문에 사전에 대회용 구두를 신고 치마 길이가 어디까지 오는지 반드시 체크를 해야 한다.

실제로 높은 구두를 신으면 생각보다 더 무섭다. 연습되지 않은 상태에서 높은 구두를 신게 되면 불안감이 커지고, 표정과 몸의 경직으로도 이어진다. 사전에 충분한 연습을 통해 무대 위에서 당당하게 워킹해보자.

일석이조 워킹 다이어트

기본자세로 허리를 꼿꼿하게 세우고 다리를 쭉 펴는 것은 생각보다 엄청 힘들다. 본인도 모르게 다리에 긴장도 들어가고 몇 번만 해도 땀이 송골송골 맺힌다. 자세를 바르게 유지해서 걷는 것만으로도 에너지 소비량이 상당히 높기 때문에 워킹은 다이어트에도 효과가 있다. 이뿐만 아니라 삐뚤어진 자세, 휜 다리 같은 체형 교정에도 도움이 된다. 워킹 연습을 통해 무대 위에서 당당한 매력을 보여주고, 거기에 몸매 관리와 다이어트에도 효과가 있다면 일석이조 아니겠는가.

앞서 말한 것처럼 워킹은 개인별 콘셉트와 의상에 따라 방법이 조금씩 다르다. 한복은 한복에 어울리는 워킹 방법이 따로 있다. 이러한 방법들을 글로 전부 표현하기에는 다소 무리가 있다. 디테일한 차이점들은 실제 수업이나 실전 연습에서 직접 해보고 잡아나가야 한다.

전문가에게 수업을 들으면 본인의 체형을 객관적으로 파악하기도 쉽고, 콘셉트별, 의상별로 워킹 포인트를 잡아나가기에도 용이하다.

세련된 포즈로
무대를 꽉 채워라

몸짓으로 매혹하라

헤어와 메이크업, 의상이 외적으로 보여지는 나를 표현하는 것이라면, 포즈는 신체의 장점과 내가 가진 끼를 직접적인 제스처를 통해 표현하는 것이다. 보통 워킹을 할 때나 무대 중심에 섰을 때 포즈를 취하는 만큼, 모든 시선이 집중되는 순간이기도 하다.

포즈는 의상에 따라, 콘셉트에 따라 상이하다. 섹시한 의상을 입고 귀여운 포즈를 취한다든지, 너무 과도한 포즈로 관객들에게 부담스러운 느낌을 주는 포즈는 피해야 한다. 콘셉트에 맞는 포즈를 취해야 이질감 없이 나를 제대로 어필할 수 있다.

의상별 포즈 취하는 방법

의상에 걸맞은 포즈를 취해야 어색하지 않고 자연스러운 느낌을 줄 수 있다. 또한 의상 특징과 나의 이미지를 어우러지게 만들 수 있다. 캐주얼, 수영복, 원피스, 드레스, 한복 등 의상별로 포즈 취하는 방법을 간단하게 살펴보자.

캐주얼, 수영복

캐주얼과 수영복은 대회에 따라 각각 달리 대체되기도 한다. 보통은 몸매 라인을 보기 위한 의상이기 때문에 몸에 붙는 경우가 많다. 이 두 가지 의상은 포즈 방법이 비슷하다. 신체의 실루엣이 가장 적나라하게 드러나기에 포즈를 크고 과감하게 취하는 것이 신체를

● 캐주얼 의상은 발랄하고 경쾌한 포즈를 취해도 좋다. ● 크고 과감한 포즈는 신체를 커보이게 만든다.

커보이게 만든다. 발랄하고 경쾌한 포즈를 취하는 것도 다양한 이미지를 보여줄 수 있다. 다리가 길고 비율이 좋아보이려면 손은 가슴 아랫부분, 허리 맨 위 시작점에 두자. 손을 둔 위치 아래부터 다리가 시작되는 듯한 착시 효과를 줄 수 있다.

원피스

원피스 포즈는 캐주얼과 드레스의 중간 정도라고 생각하면 된다. 원피스가 동일하게 지정된 곳도 있지만 자유롭게 선택할 수 있는 경우 자신의 신체의 장점을 최대한 살릴 수 있는 의상을 선택하자. 너무 가벼워 보이거나 무거워 보이는 포즈는 좋지 않다. 치마를 입은 만큼 다리를 과하게 벌린다든지, 거부감을 주는 포즈는 피하자.

드레스

드레스는 드레스 콘셉트에 따라 포즈를 달리할 수 있다. 치마를 밟지 않도록 주의하며 한 손은 치마를 잡고, 한 손은 허리에 손을 올리거나 자연스럽게 흔들리도록 포즈를 취하며 등장하는 것이 좋다. 가장 기본이 되는 포즈는 허리에 손을 올리는 것이다. 양손을 허리에 올리는 경우 손의 위치를 살짝 위아래로 높낮이를 다르게 하는 것도 포인트를 주는 방법이다. 만약 우아한 느낌의 드레스를 입었다면 살짝 몸을 틀어 실루엣을 보여주는 정도의 포즈가 적당하다.

섹시한 드레스를 입었다면 과감한 포즈를 취하라. 몸매 라인이 드러날 수 있도록 포즈도 크게 하고, 다리 라인이 드러나는 드레스

● 숄을 활용한 포즈. 앞트임 드레스로 다리 라인도 ● 손의 높낮이를 다르게 한 포즈
　부각시켰다. 　　　　　　　(출처: 뉴스프리존)

라면 다리를 앞으로 쭉 내밀어라. 등이 파져 있는 드레스라면 턴을
반 정도 돌아 뒷모습을 보여주는 포즈도 효과적이다. 사전에 드레
스를 착용해보고 드레스의 느낌을 가장 잘 전달할 수 있는 포즈를
미리 연습하는 것이 좋다. 어느 정도의 연기도 필요하다. 눈빛과 시
선 처리로 포즈에 느낌을 더하자.

한복

한복은 옷의 특성상 포즈에 제약이 많다. 치마가 풍성하고 긴 경
우가 대부분이기 때문에 하체 대신 손과 시선 처리로 포즈를 취하는
것이 효과적이다. 특히 손끝 선으로 느낌을 잘 표현하면 한복 고유
의 느낌과 매력을 살릴 수 있다.

한복 포즈는 한국무용과 가깝다. 한국무용을 배우거나 한국무용

• 활옷이나 원삼은 팔을 펼쳐주면 한층 화려하고 웅장해 보인다. • 당의는 저고리 안으로 손을 넣는 것이 정석이다.

영상 속 동작을 따라 해보면 한복 포즈에 응용할 수 있다. 일반 저고리 한복은 손이 밖으로 드러나 있어 한복 중에 가장 다양한 포즈를 취할 수 있다. 다른 한복에 비해 움직임에도 제약이 덜하다. 한 손으로는 치마를 잡고 다른 한 손으로 저고리 라인을 살짝 스치는 포즈를 취하거나, 포즈 두세 가지를 연결해 짧게 춤추는 듯한 느낌을 주는 것도 좋다.

당의는 전통적으로 궁중에서 입었던 옷이다. 저고리 안쪽으로 양손을 넣는 것이 정석이니 밖으로 손을 빼지 않도록 주의하자. 무대 끝에서 한번쯤 간단히 포즈나 시선 처리를 해주는 것은 괜찮지만, 너무 과도한 포즈는 당의의 고급스러움을 떨어트릴 수 있다. 활옷과 원삼 같은 경우 양팔을 펼치는 포즈를 취하면 웅장함과 옷의 화려함을 효과적으로 전달할 수 있다. 한복은 허리에 손을 올리거나 몸매 라인을 보여주는 과감한 포즈는 절대 금물이다. 시선의 방향과 손동작이 함께 가야 느낌을 효과적으로 전달할 수 있다.

포즈, 이것만은 꼭 기억하자

대부분의 참가자들이 포즈 취하는 걸 어려워하는데, 무대 위에서 포즈를 취할 때 다음 3가지는 반드시 기억하자.

1. 무대 위의 포즈는 세 가지를 넘지 말자

많은 걸 보여주고 싶은 마음에 많은 포즈를 취하면 지저분해 보인다. 깔끔하게 세 가지 이내의 포즈를 취하자.

2. 애매한 포즈는 안 하는 것만 못하다

할 거면 확실하게, 안 할 거면 아예 안 하는 게 좋다. 다른 후보들이 포즈를 취하는 것을 보고 나도 무언가를 해야 한다는 강박관념에 급하게 포즈를 취하는 사람들이 있다. 그러나 연습이 안 된 포즈는 애매할 뿐더러 어색한 느낌을 준다. 표현에 자신이 없다면 과감히 포기하자. 표정과 시선만으로 어필하는 것이 더 효과적일 수 있다.

3. 얼굴이 예뻐 보이는 방향으로 포즈를 잡아라

사람마다 더 예뻐 보이는 쪽의 얼굴이 있다. 포즈를 취할 때 더 예쁜 방향으로 포즈를 잡아라. 혹시 모르겠다면 주변 사람들에게 왼쪽, 오른쪽 얼굴을 번갈아가며 보여주고 예쁜 쪽을 찾아라.

단점에 집착하지 말고
장점을 더 크게 부각시켜라

'키'는 제일 작지만, '끼'는 제일 큰 후보

"이예령 후보는 참가자 중에 키가 제일 작네요? 키가 좀 아쉬운 데……"

미인대회를 출전함에 있어 작은 키는 내가 가진 최대의 단점이다. 흔히 미인대회 출신이라고 하면 170에 가깝거나 혹은 더 큰 키를 가졌을 거라는 선입견을 가지고 있다.

처음에는 작은 키 때문에 스트레스를 엄청 많이 받았다. 일반인으로 평범하게 살기에는 모자람이 없지만, 미인대회에 출전하는 지원자치고는 작은 편에 속하기 때문이다. 미인대회에 출전하기 시작한 초반에는 수상을 못하는 것이 전부 다 키 때문인 것 같았다. 매일

1센티미터라도 커지는 방법이 없는지 인터넷에 검색하기 바빴다.

그러던 어느 날 우연히 TV에서 축구선수 '리오넬 메시'의 인터뷰를 보았다. 인터뷰 내용은 이랬다.

"나는 축구선수라 하기엔 작은 키를 가지고 있으며, 많은 다른 선수들에 비해 신체 조건이 뒤처진다는 것을 인정한다. 하지만 그 작은 키는 나에게 최고의 장점이 되었고, 이제는 누구 앞에서도 당당할 수 있다. 성장호르몬 이상은 나에게 많은 슬픔을 안겨주었지만, 이제는 그것이 세상이 나를 조명하는 이유가 되었다. 때로는 나쁜 일이 아주 좋은 결과를 낳기도 한다. 단점을 장점으로 승화시켜라."

그날 이후로 생각과 마인드를 바꿨다. 나의 장점들은 어떤 것들이 있는지 찾기 시작했다. 분명 나에게도 좋은 장점들이 많은데, 단점에 집착하다 보니 나의 장점을 보지 못하고 있었던 것이다. 안 되는 걸 억지로 되게 하기보다 잘하는 걸 더 잘되게 해야겠다고 마음먹었다. 그리고 얼마 뒤 나가게 된 대회에서 또 비슷한 질문을 받았다.

"키가 좀 작네요?"

나는 대답했다.

"키는 미를 평가하는 수많은 요소 중에 하나지, 절대적인 척도는 아니라고 생각합니다. 제 키는 조금 작지만, 제 끼는 누구보다 크다는 것을 오늘 무대에서 보여드리겠습니다."

그 대회에서 나의 장점을 보여주려 최선을 다했다. 그 결과는 '선'이라는 귀한 수상이었다. 나에게 있어 키는 최대의 단점이지만, 이제는 크게 개의치 않는다. 키가 작으면 가능한 높은 구두를 신으면 되는 것이고, 그렇게 해서 커버가 되지 않는다면 다른 것에 집중하는 것이 더 현명한 방법이라는 것을 알았기 때문이다.

장점을 보여주기도 모자란 시간에 단점을 붙잡고 있을 시간이 없다. 단점은 놓고, 장점을 강점으로 승화시켜라. 그 강점이 나를 더 빛나게 해줄 것이다.

SWOT 분석, 지피지기면 백전백승

장점을 파악하는데는 여러 가지 방법이 있는데, SWOT 분석을 활용하면 효과적이다. SWOT 분석은 Strength(강점), Weakness(약점), Opportunity(기회), Threat(위협)의 약자이다. 나의 강점과 약점을 알아야 장점을 극대화시키고, 기회 요인과 위협 요인을 파악해 전략을 세울 수 있다. 이는 퍼스널 브랜딩에도 효과적으로 사용할 수 있다. 나의 SWOT 분석을 통해 간단하게 예시를 들어보겠다.

S(강점)	W(약점)
• 활짝 웃는 미소 • 스피치 실력 • 남들과 차별화된 장기 자랑	• 작은 키 • 평범한 외모 • 휜 다리
O(기회)	T(위협)
• 웃는 모습으로 호감을 줄 수 있다. • 능숙한 스피치를 통해 신체적 단점 커버 • 다양한 무대 퍼포먼스 가능	• 비주얼 요소가 출중한 사람들이 많이 출전한 대회 • 육아맘으로서 스케줄 제약 • 수상해야 한다는 심리적 부담, 압박

나는 활짝 웃는 모습이 예쁘다는 이야기를 많이 듣는다. 그리고 누군가와 대화를 나눌 때 조리 있게 말을 잘하는 편이다. 또한 장기 자랑으로 판소리를 했을 때 색다른 면이 있다는 평가가 따랐고, 나를 효과적으로 어필할 수 있었다.

이 세 가지가 상대방에게 어필할 수 있는 강점이 되는 것이다. 강점을 알아야 이것으로 기회를 만들 수 있다. 반대로 약점은 키와 평범한 외모다. 약점을 파악해두면 위협적인 요소를 사전에 예측하고 대비할 수 있다.

장점을 강점으로 승화시켜라

입꼬리를 최대한 벌려서 환하게 웃는 모습이 나의 장점이지만, 이런 미소에도 약점은 있었다.

선천적으로 턱이 좁아서 아랫니가 하나 덜 났다. 그러다 보니 치아 교열이 맞지 않아 턱이 삐뚤어져 있다. 휜 다리에 골반도 틀어져서 자세가 늘 좋지 않았고, 이 영향으로 얼굴이 많이 틀어졌다. 무표정으로 가만히 있으면 얼굴이 비대칭이다. 전반적으로 다 틀어져 있으니 웃을 때 양쪽 입꼬리도 대칭이 아니다.

대회에 출전해 찍힌 사진을 보고 이 문제를 알게 되었다. 그때부터 거울을 보고 상대적으로 내려가 있는 입꼬리 한쪽을 더 올리고 맞추는 연습을 했다. 지금도 완벽히 대칭이 이루어지지는 않지만 어느 정도는 교정이 되었다. 또한 의식을 하고 연습을 계속하다 보니 원래 웃던 모습보다 더 자연스럽고 환하게 웃는 모습도 터득했다.

휜 다리 또한 벌어지지 않게 모으려고 늘 긴장하고 다닌다. 그 덕에 내가 휜 다리라는 것을 아는 사람은 많지 않다. 장단점을 파악하고 연습했더니 부족한 면이 보완되었고, 기존보다 나은 결과를 가져오게 된 것이다.

IQ가 200이 넘는 사람으로 화제가 되었던 마릴린 보스 사반트(Marilyn vos Savant)는 "성공은 약점을 제거함으로써 이루어지는 것이 아니라 강점을 발전시킴으로써 이루어지는 것이다"라고 말했다.

약점에 너무 집착할 필요는 없다. 자신이 가지지 못한 능력을 남들이 가졌다고 그것을 부러워만 하는 것도 어리석다. 노래를 못하는 대신 춤을 잘 출 수도 있고, 악기를 잘 다룰 수도 있다. 자신만의 강점을 찾아 남들과 다른 모습으로 나를 어필하는 것이 더 현명한 방법이다.

노력 여하에 따라 장점을 강점으로, 위기를 기회로 만드는 것은 누구나 충분히 가능하다.

나만의 차별화된
장기 자랑을 준비하라

사랑사랑사랑~ 내 사랑이야!

"1번 이예령 후보자의 특기가 판소리라고 하셨는데 한 소절 들어

볼 수 있을까요?"

"네. 그럼 제 마음을 담아 짧게 한 소절 해보겠습니다.

이리 오너라 업고 놀자~ 이리 오너라 업고 놀자~!

사랑사랑사랑 내 영월이야~ 사랑이로구나 내 영월이야.

이이이이이이이이이 내 영월아~ 아마도 내 사랑아~"

장기 자랑 무대가 끝난 뒤 여기저기서 "우와!" 하는 소리가 들렸

다. 영월 동강 둔치 행사장에서 대회가 진행되었는데 야외 무대였

던 덕분에 내 소리는 스피커를 타고 쩌렁쩌렁 울려 퍼졌다. 소리를 듣고 대회가 진행되는 무대로 관객들이 더 많이 몰려들었다.

바로 질의응답이 이어졌는데 장기 자랑으로 이미 관객들의 시선을 사로잡은 뒤라 나의 답변이 끝나자 관객석에서는 박수갈채가 쏟아져 나왔다. 사회자도 전문 소리꾼 아니냐며 칭찬했다.

대회가 끝나고 다른 후보자들이 말하길, 내 장기 자랑 무대가 압도적이었다고 했다. 내 뒤로도 판소리를 한 후보자가 몇 명 있었지만, 이미 내가 먼저 판소리로 무대를 장악해버려서 나만큼의 큰 임팩트를 주지 못했다고 한다.

이처럼 장기 자랑은 심사위원과 관객들의 시선을 사로잡을 수 있는 효과적인 수단이 된다. 내가 가진 끼와 재능으로 사람들의 시선을 끌게 되면, 무대가 끝나도 나를 사람들의 기억에 남길 수 있다.

벨리댄스, 미인대회 무대를 흔들어놓다

몇 년 전, 내가 심사를 하러 갔던 대회에서 최종심사만을 남겨놓고 자유롭게 진행된 본인 어필 시간이 있었다. 다른 후보들이 머뭇거리는 사이 한 후보자가 손을 번쩍 들고 나왔다. 그녀는 준비한 노래를 틀어달라고 했다. 노래가 준비되는 동안 본인 뒤에 놓아둔 의상을 주섬주섬 주워 허리에 감았다.

노래의 전주가 시작되자 갑자기 눈빛이 변하면서 벨리댄스를 수준급으로 추기 시작하는 게 아닌가. 한눈에 보기에도 보통 실력이 아닌 듯했다. 일반적으로 대회에서 장기 자랑으로 보던 벨리댄스와는 수준이 달랐다.

별 관심 없이 그녀를 바라보던 심사위원들도 사뭇 놀란 듯 눈이 커져 쳐다보는가 하면, 자리를 고쳐 앉고 그녀의 프로필을 다시 찾아보는 심사위원도 있었다.

관객석에서도 모두들 스마트폰을 꺼내 그녀의 벨리댄스 영상을 찍기에 바빴다. 크게 눈에 띄지 않았던 후보였는데 순식간에 모든 사람들의 시선을 사로잡고 매력 어필을 한 것이다.

완성도가 높은 장기 자랑 무대를 성공적으로 끝냈고 심사위원과 관객들에게 강렬한 인상을 남겼다. 결국 그녀는 장기 자랑 덕분에 '탤런트상'을 거머쥐게 되었다.

남들과 다른 나만의 장기, 특기

미인대회 수업을 진행하다 보면 참가자들이 장기 자랑에 큰 부담을 가지는 것을 알 수 있다. 대회마다 성격과 진행 방식이 다르다 보니 장기 자랑이 필수인 대회도 있고 생략하는 대회도 있다.

간혹 본인이 잘하는 것을 두고 남들과 비슷한 것을 준비하는 참가자들도 있다. 이유를 물어보면 대다수는 "다른 사람들이 이걸 많이 하더라"라고 대답한다. 그러나 이것은 잘못된 생각이다.

장기 자랑은 본인이 보여주고 긍정적인 평가를 받을 수 있는 것이어야 한다. 남들이 많이 하기 때문에 같은 것을 준비한다면, 잘하는 사람에 비해 돋보이기 힘들고, 특별한 인상을 주지 못한다.

예전에는 장기 자랑이라고 하면 춤, 노래, 성대모사 정도로 생각했지만 요즘은 그 종류가 다양하다. 남들과 차별화된 장기 자랑을 준비한다면 심사위원들에게도 깊은 인상을 남길 수 있고, 톡톡 튀는 나만의 전략이 된다. 무대에서 선보일 수 있는 장기 자랑의 종류를 살펴보자.

춤	방송댄스, 한국무용, 현대무용, 벨리댄스, 플라멩고, 발레, 아크로바틱, 재즈댄스, 스포츠댄스, 탭댄스, 북춤, 장구춤, 소고춤, 부채춤
노래	뮤지컬, 성악, 가요, 트로트, 팝송, 재즈, 판소리, 민요
악기	바이올린, 기타, 가야금, 북, 장구, 소고, 해금, 거문고, 피아노, 우쿨렐레, 아쟁, 플룻, 비올라
기타	시낭송, 수화, 성대모사, 리포팅, 앵커, 연기, 구연동화

장기 자랑할 때 꼭 체크하자

장기 자랑은 부가적인 평가 요소이기 때문에 무대에서 많은 시간을 할애받지 못한다. 노래나 춤 같은 경우는 1절, 시간적으로 1분을 넘기지 않게 준비하는 것이 좋다.

너무 길게 장기 자랑을 준비하면 중간에 끊어버리는 경우도 있다. 그러므로 최대한 앞부분에 포인트들을 넣어서 임팩트 있게 보여주는 것이 효과적이다.

무대의 공간과 상황도 충분히 고려해 준비하자. 예를 들어 너무 큰 악기는 이동과 운반에 어려움이 있다. 보여줄 수 있는 무대 공간이 한정적이거나 무대 손상 때문에 반입 자체가 제한되는 경우도 있다.

또 너무 과격한 댄스의 경우 미인대회의 성격과 맞지 않을뿐더러 드레스나 원피스 같은 무대 의상을 입고 있는 경우는 준비한 만큼의 퍼포먼스를 보여줄 수 없을 수도 있다.

사전에 무대 동선, 스피커 사용 가능 여부, 소품 구비 여부 등 준비 사항도 체크하자. 장기 자랑을 하기 전에 음악은 몇 번 트랙인지, 어느 타이밍에 틀어야 하는지, 소품의 경우는 어디에 사용되는지 등도 진행요원에게 자세하게 전달해두어야 원활한 진행이 가능하다.

5장

미인대회 10관왕이 알려주는 필승 전략 포인트

가산점이 있는 SNS 활동은
선택이 아닌 필수다

SNS, 미인대회 트렌드와 발맞추다

최근 몇 년간 미인대회에는 새로운 트렌드가 생기기 시작했다. 바로 SNS를 적극적으로 활용하는 후보들에게 가산점을 주거나 특별상을 주는 제도가 도입된 것이다. 미인대회의 평가 기준이 변화하는 데는 다양한 이유가 있다.

과거의 미인대회는 얼굴과 체형 혹은 후보자의 개인 신상 같은 단편적인 것들로 평가했지만, 요즘 미인대회는 다방면에서 후보자를 평가한다. 그중에서도 개인 SNS는 대회에 참가한 후보자를 평가할 수 있는 좋은 지표가 된다.

개인 SNS에는 대회에 참가하기 전부터 축적되어온 다양한 정보들이 있다. 후보자의 활동, 행적, 성향, 성격 등 다방면으로 평가할 수 있는 자료가 가득한 것이다. 대회가 추구하는 성향과 관련된 활동을 많이 한 후보들은 주최 측에서도 눈여겨볼 수밖에 없다.

후보자 개인의 SNS를 보면 대회에 임하는 자세도 알 수 있다. 본인이 대회에 참가했음을 적극적으로 알리고 협찬 제품 등을 홍보하는 후보는 대회에 어느 정도의 열정을 가졌는지 판단할 수 있는 요소가 되기 때문이다.

요즘은 1인 미디어라 불리는 SNS가 대세다. 카메라나 스마트폰만 있다면 나만의 콘텐츠를 제작하고 홍보하는 것이 어렵지 않다. 이런 콘텐츠들로 유명세를 떨치며 많은 팔로워를 보유한 인플루언서들의 인기는 어지간한 연예인들을 능가할 정도다.

이들의 파급력은 상당하다. 예전에는 어떤 행사나 제품을 홍보하려면 TV나 공식적인 미디어(인터넷, 잡지 등)를 통해서만 가능했다. 그만큼 홍보의 루트가 다양하지 않았고 비용 또한 많이 들었다. 하지만 요즘은 1인 미디어, 개인 SNS의 파급 범위가 더 넓고 금액 투자 대비 효과가 뛰어나기에 홍보 수단으로 이를 이용하는 경우가 많다.

이 방법은 미인대회에도 적용되고 있다. 후보자 여러 명의 SNS를 통해 대회를 홍보하고 협찬 제품을 알리는 것이 고가의 미디어를 통하는 것보다 훨씬 다양한 콘텐츠를 만들 수 있다. 저비용 고효율 효과를 창출할 수 있으므로 많은 대회가 이 방법을 선호하는 추세다. 주최 측에서도 많은 팔로워를 보유하고 있는 후보자들에게 좋은 결과를 주게 되면 자연스럽게 대회가 홍보되는 효과를 볼 수 있다.

SNS로 내 점수를 플러스하자

미스코리아 대회는 몇 년 전부터 '셀프브랜딩'이라는 특별상이 추가되었다. 셀프브랜딩상은 대회 기간 동안 SNS를 통한 1인 미디어를 가장 열심히 활용해 적극적으로 본인을 홍보하는 후보들이 받는 상이다. 이는 후보자의 센스와 대회를 향한 열정, 탤런트적 요소 등을 복합적으로 평가한다.

〈우먼센스〉에서 주최하는 '케이퀸 콘테스트'는 2019년 대회부터 '디지털 역량 가점제'라는 제도가 도입되었다. 3,000명 이상의 팔로워를 보유한 SNS를 운영하는 지원자에게 가점이 부여된다. 또 서류 제출 때 패션, 뷰티, 헬스, 리빙&라이프 중 한 분야를 선택, 자신의 재능과 끼를 보여줄 수 있는 영상을 촬영해 본인의 SNS에 업로드한 뒤, 해당 게시물의 주소(URL)를 지원 서류에 기재한 지원자에게도 가점이 주어진다. 이 제도를 도입하면서 워킹, 무대 매너 등이 중심이었던 사전 교육에서 온라인 인플루언서로 성장하고 활동할 수 있는 역량을 키울 수 있도록 추가적인 교육들이 지원되고 있다. 단순히 대회 참가만으로 끝이 아니라, 인플루언서로서 함께 커가고 성장할 수 있는 인재를 양성하는 것에 중점을 두기 시작한 것이다.

SNS 스타, 미인대회 무대에 오르다

얼마 전 한 대회에서 있었던 일이다. 대회 예선이 치러지던 날, 한 참가자가 나타나자 대기실이 술렁이기 시작했다. 곳곳에서 그녀를 쳐다보며 수군수군 얘기를 나누는가 하면, 맞다 아니다 하는 이야기도 들렸다. 한참을 쳐다보던 다른 참가자들이 그녀에게 다가가 인사를 건넸다. "안녕하세요. ○○ 씨 맞죠?! 팬이에요!" 알고 보니 그녀는 SNS상에서 몇 만 팔로워를 보유하고 있는 유명한 인플루언서였던 것이다.

그녀는 자신만의 독특한 사진 콘셉트로 TV에도 출연한 유명인이었다. 예선 심사를 보러 들어가자 심사위원 몇몇도 그녀를 알아본 듯했다. "대회에 나오신 이유가 뭔가요?", "자신이 SNS상에서 인기 있는 비결을 말씀해주실 수 있을까요?" 등 SNS와 관련된 질문을 건넸다. 그녀는 이미 예상이라도 했다는 듯 대답을 이어나갔다.

대회 당일, 많은 사람들에게 알려져 있는 유명인이기에 다른 후보자들을 응원하러 온 관객들도 그녀를 알아보는 듯했다. 그 덕분인지 그녀의 무대가 끝나자 다른 후보자들보다 큰 박수갈채가 쏟아졌다.

최종 무대에서 사회자가 그녀에게 질문했다. "대회에서 1등을 하신다면 어떤 활동을 하고 싶으신가요?" 그녀는 자신의 SNS를 통해 주관사와 관련된 다양한 행사들을 홍보하고 열정적으로 임하겠다고 대답했다. 결과는 2등!

현재 그녀는 무대에서 했던 말처럼 주관사와 함께 다양한 활동을 펼쳐나가고 있다. 패션 관련 행사를 많이 개최하는 주관사인지라 그녀의 SNS를 통해 홍보하기도 하고, 다양한 일을 함께 기획하며 파트너십을 발휘하고 있다.

주관사 입장에서는 그녀의 SNS로 자연스럽게 홍보를 하고, 그녀의 입장에서는 새로운 영역으로 활동 범위를 넓히게 되면서 서로 시너지 효과를 얻어가는 모양새다.

이제 SNS는 대회를 출전하는 사람에게는 선택이 아닌 필수 불가결한 요소가 되어가고 있다. 요즘은 SNS 계정을 통해 홈페이지에 접속한 뒤 지원서를 작성해야 하는 경우도 있다. 계정이 없으면 아예 대회 접수 자체가 불가한 것이다.

뿐만 아니라 주관사에서도 인기상이나 탤런트상 같은 특별상들은 SNS 투표를 통해 진행하곤 한다. 트렌드에 발맞추어 SNS를 효과적으로 이용한다면 가산점뿐만 아니라 본인을 어필할 수 있는 강력한 무기가 될 것이다.

부족한 1퍼센트를
완성하라

투자는 성공을 약속한다

작년 봄, 나에게 인스타그램 메시지로 수강 문의가 왔다. 그녀는 예전에 내가 수상했던 대회에 참가했다며, 사전 합숙을 다녀왔다고 인사를 건넸다.

합숙을 하면서 대회 분위기를 파악해보니, 스피치 점수를 높게 평가하는 대회임을 느꼈다고 한다. 쟁쟁한 후보들 속에서 본인의 스피치 실력이 약하다고 판단했고, 본선 전에 부족한 부분을 채워야겠다는 생각에 수강 문의를 해왔다.

흥미로웠던 점은 이미 내 수업과 성격이 비슷한 아카데미에서 수업을 받은 경험이 있었다고 한다. 그런데 왜 비슷한 수업을 또 들는지 물어보니 이렇게 대답했다.

"거기서 미인대회의 전반적인 틀을 알려주셨다면, 대회의 실전 경험과 스피치는 선생님께 더 잘 배울 수 있을 것 같아서요."

그녀와 계속 이야기를 하면서 점점 놀라게 됐다. 그녀는 모델 아카데미에서 전문가 과정을 취득 후, 강사 활동을 하고 있었기 때문이다. 이미 다양한 곳에서 워킹과 포즈를 가르치고 있는 전문가였음에도 불구하고 나에게 연락을 한 것이다.

나는 무엇보다 그녀의 마음가짐과 열정을 높게 샀다. 사실 한 분야의 전문가로 활동하고 있다면 부족한 부분을 인정하기가 쉽지 않다. 하지만 본인의 약점을 인정하고 배우려는 생각 자체가 열려 있는 분이라는 생각이 들어 호감이 들었다.

한 분야에서 앞서가는 사람에게 배운다는 것은 오랜 시간 축적해온 경험과 노하우를 얻어 가는 것이다. 대가를 지불하고 경험치와 바꾸는 것, 쉽게 말해 지름길로 가는 방법이다. 본인이 직접 부딪히고 경험하면서 답을 찾아갈 수도 있지만, 얼마의 시간이 소요될지, 그 방식이 정답일지는 장담할 수 없다.

전문가에게 배운다면 적어도 잘못된 길로 갈 수 있는 확률은 훨씬 줄일 수 있다. 부족한 부분이 있다면 배움에 투자하고 노하우를 얻자.

선생님, 이렇게 하는 거 맞아요?

"네. 맞아요. 절 믿으세요."

미인대회에 여러 번 출전한 사람들은 대회를 통해 노하우가 생긴다. 그러다 보면 자연스럽게 보는 눈도 생긴다.

어떤 의상이 예쁜지, 효과적인 스피치는 어떤 것인지, 포즈와 워킹은 어느 정도가 적당한지 등 스타일링 요령부터 대회에 관련된 전반적인 노하우를 조금씩 터득해 나간다. 그렇기 때문에 그 다음번 대회에서는 처음 도전한 사람들보다 떨지 않고 좀 더 능숙하게 임할 수 있다.

반대로 미인대회에 처음 출전하는 사람들은 경험치가 제로에 가깝다. 얼마 전 나와 수업을 진행했던 수강생도 비슷한 경우였다. 어릴 때부터 미인대회에 나가는 것이 꿈이었다는 그녀는 미인대회 정보와 영상을 자주 찾아보고 계속 따라했지만 도통 감이 오지 않았다고 한다.

더군다나 출전을 결심하고 나니 하나부터 열까지 어떻게 해야 하는지, 뭐가 맞는지 판단이 쉽지 않아 덜컥 겁이 난 것이다. 객관적인 정보를 알려주고 자신을 지도해줄 사람이 필요해 나에게 수업을 듣기로 했다. 수업을 진행하면서 그녀는 종종 확신이 없을 때 질문을 해왔다.

"선생님, 지금 말이 너무 느리지 않나요?", "선생님, 이 포즈는 좀 과할까 걱정이에요."

그때마다 나는 충분히 설명을 하고, 그녀가 고민하지 않도록 확

답을 주었다. 그녀는 내게 확답을 들은 다음에는 의심 없이 밀고 나갔다. 많은 대회를 경험하고 학생들을 가르친 내 노하우를 믿고 따라가겠다고 했다.

간혹 후보들 중 뭐가 정답인지 명확한 답을 얻지 못한 경우 너무 과하게 퍼포먼스를 하거나, 반대로 너무 소심하게 하는 사람들이 있다. 본인이 확신을 가지지 못한다면 전문가의 힘을 빌리자. 옳고 그름의 갈림길에서 흔들리지 않도록 기준점을 잡아줄 것이다.

대회가 끝나고 그녀에게 연락이 왔다.

"선생님 말 듣길 정말 잘했어요!"

마지막 부족한 1퍼센트를 채워라

미인대회에 출전하는 후보들은 어느 정도 자기관리를 거친다. 여기에 화장을 하고 의상을 갖춰 입으면 외형 점수로는 다들 99퍼센트 완벽하다고 해도 무방하다. 여기서 1퍼센트의 차별점이 있는 후보가 수상을 하게 된다.

내가 미스코리아 지역 예선에 출전했을 당시 무관에 그쳤던 후보 두 명도 그 다음해에 재출전해 좋은 결과를 얻었다. 둘 다 외모는 출중했지만 첫 출전에는 수상을 하지 못했다. 하지만 그 다음해에 1퍼센트의 부족한 부분을 완벽하게 보완했다. 그 1퍼센트에는 여러 요소가 있을 것이다.

무대에서 후보자 한 명에게 주어지는 시간은 한정적이다. 짧은 시간 내에 나를 최대한 보여주려면 준비에 최선을 다해야 한다. 외적인 것뿐만 아니라 의상, 자기소개, 워킹, 포즈 등 모든 면에서 하나라도 놓쳐서는 안 된다.

무대에 오르는 순간, 모든 사람의 시선은 그 사람에게 집중되어 있기 때문에 매 순간이 평가의 대상이다. 조금이라도 좋은 점수를 받을 수 있도록 부족하다고 생각되는 부분에는 투자를 아끼지 말자. 당신에게 부족한 바로 그 1퍼센트가 수상을 좌우한다.

셀프 스타일링
실력을 키워라

셀프 스타일링이 필요한 이유

내가 수업을 진행하는 학생들에게 꼭 당부하는 것이 하나 있다. 다양한 미용 제품들을 구입해서 활용해보는 것과 메이크업 연습을 꾸준히 하는 것이다.

대회에는 종종 예기치 못한 일이 발생한다. 헤어 메이크업 순서를 기다리다가 시간이 촉박해 완벽하지 못한 상태로 무대에 오르는 경우도 있고, 합숙이나 행사가 있는 경우 매번 헤어 메이크업을 받기는 힘들다. 이럴 때 본인이 헤어 메이크업을 할 줄 안다면 훨씬 편하다.

뿐만 아니라 전문가에게 헤어 메이크업을 받게 되더라도, 본인에게 어울리는 스타일을 알아야 서로 조율해 좋은 결과를 이끌어낼 수 있다.

본인이 헤어 메이크업에 서툴다면, 유튜브나 인터넷을 보고 따라해보자. 만약 그래도 힘들다면 근처 메이크업 숍이나 원데이클래스를 통해 직접 배우는 것도 도움이 된다. 충분한 연습을 통해 미인대회뿐만 아니라 일상에서도 요긴하게 활용해보자. 처음에는 어려워도 하다 보면 자신만의 요령이 생길 것이다.

미인대회 메이크업, 조금 과하고 또렷하게

대회용 메이크업은 평소와 조금 다르다. 무대에서 이목구비가 또렷해 보여야 하기 때문에 훨씬 진하게 포인트를 주어야 한다. 미인대회용 메이크업 시연을 해주면 본인이 평소 해오던 메이크업과 달라서 부담스러워 하곤 한다.

"저는 진한 화장이 안 어울려요."

하지만 몇 미터만 떨어져서 거울을 보거나 사진을 찍어주면 이야기가 달라진다. 생각보다 진하지 않고 또렷해 보인다는 것이다. 대회 무대는 심사위원석, 관객석과 최소 몇 미터에서 몇 십 미터 또는 그 이상 떨어져 있기도 하다. 거기에 강한 조명 수십 개가 무대를 비추면 얼굴 실루엣이 하얗게 날아가 버린다. 이런 상황에서 최대한 나를 또렷하게 보여주기 위해서는 진하게 메이크업을 할 수밖에 없다. 평소 하던 식으로 메이크업을 하면 거의 안 한 것처럼 보인다.

이목구비 자체가 엄청 또렷한 사람이라면 메이크업을 옅게 해도 무방하지만, 동양인들의 특성상 이목구비가 밋밋한 경우가 대부분이라 메이크업을 어떻게 하느냐에 따라 느낌이 확연히 달라진다.

베이스 메이크업

피부는 여자의 경쟁력이라는 말도 있다. 베이스 메이크업이 깨끗하고 단단해야 그 위에 어떤 것을 올려도 예쁘게 표현이 된다. 커버력이 좋은 제품을 추천한다. 본인의 피부색보다 한 톤에서 한 톤 반 정도 업 하면 화사해 보인다.

한 번에 많은 양을 바르기보다는 얇게 여러 번 덧발라라. 무대 조명은 생각보다 뜨겁고 강하다. 조금만 서 있어도 땀이 줄줄 흐르기 때문에 무너지거나 들뜨지 않게 차곡차곡 다져간다고 생각하면 된다. 가벼운 파우더로 마무리까지 해주면 오랜 시간 지워지지 않고 유지된다.

아이 메이크업

대회 메이크업에서 제일 강조하는 것이 눈화장이다. 눈화장을 어떻게 하느냐에 따라 이미지가 확 달라진다. 또렷한 이미지를 가장 효과적으로 연출할 수 있는 방법이기도 하다.

눈화장은 속눈썹을 적극 활용하자. 속눈썹은 모양마다 느낌이 다르다. 다양한 스타일을 붙여보고 나에게 어울리는 것을 찾아보자. 본무대에서는 최소한 두 개 이상 사용할 것을 추천한다.

과하지 않을까 생각하는 사람들이 있는데, 실제로 나는 무대에 오를 때 3~4개 정도의 속눈썹을 활용한다. 그렇게 붙여도 무대나 카메라 속에는 비치는 모습은 평소 내 눈 크기 정도로 보인다.

퍼스널 컬러에 맞는 색조화장품 활용법

메이크업 제품에도 웜톤과 쿨톤이 나뉘어 있다는 것을 아는가? 나에게 맞는 컬러를 활용하면 내 이미지를 부각시킬 수 있을 뿐만 아니라 한층 화사하고 얼굴을 빛나게 해준다. 본인에게 맞지 않는 색조를 사용하면 자칫 무대 위에서 칙칙해 보일 수도 있다.

퍼스널 컬러 진단을 통해 베스트 컬러를 찾고 이를 활용해 색조 메이크업을 하자. 포인트 컬러 한두 가지만으로도 효과적으로 이미지를 표현할 수 있다.

헤어스타일링, 이미지 보완에 포인트를 두어라

메이크업이 이미지를 또렷하게 만드는 역할이라면, 헤어스타일은 이미지를 보완하는 역할을 한다. 과거와 달리 요즘은 과하지 않은 자연스러운 스타일을 추구한다. 획일화된 스타일보다는 본인에게 가장 잘 어울리는 헤어스타일로 연출하는 것이 대세다.

얼굴이 큰 사람은 풍성한 웨이브 헤어스타일을 추천한다. 시선을 분산시켜 얼굴이 작아보이는 효과를 줄 수 있다. 키가 작은 사람은 업스타일로 윗머리를 띄우면 조금이나마 커보이게 연출할 수 있다.

메이크업은 어느 정도 수정이 가능하지만, 헤어의 경우 마음에 들지 않으면 머리를 감지 않는 이상 되돌리기가 힘들다. 그렇기에 셀프 스타일링의 유무가 더욱 중요하다.

다양한 고데기 활용법

대회나 합숙 시 후보들은 웨이브나 업스타일을 주로 연출한다. 이때 봉고데기(웨이브기)를 활용하면 좋다.

웨이브 헤어스타일은 굵기 조절을 통해 화려한 스타일, 자연스러운 스타일로 다양하게 연출할 수 있다. 봉고데기는 감고 있는 시간과 굵기 연습에 따라 스타일이 달라지기 때문에 많은 연습이 필요하다. 웨이브 헤어는 스타일을 연출하기 편하기 때문에 업스타일에도 활용한다.

매직기는 뻗치는 머리나 지저분하게 구불거리는 부분을 개선하는데 효과적이다. 합숙이나 본 대회 시에는 사용자가 많아 편하게 사용하기 힘들기 때문에 개인 제품을 휴대하도록 하자.

헤어피스(가발)

고데기 사용이 어려운 사람들은 헤어피스를 활용하자. 머리 길이가 애매하거나 숱이 적은 경우, 길이가 짧은 경우는 가발을 활용하면 훨씬 다양한 스타일로 연출할 수 있다.

헤어피스는 업스타일, 포니테일, 부분(가닥)가발 등등 다양한 디자인과 색상이 시중에 판매되고 있다. 업스타일의 경우 가발을 함께 사용하면 풍성한 느낌을 더해준다.

웨이브 헤어스타일은 가닥 가발을 활용하면 화려한 느낌이 배가된다. 고열사(열에 녹지 않는 제품) 제품을 사용하면 고데기로 본인의 머리와 어우러지게 연출이 가능하다.

한복 헤어 같은 경우는 여러 모양의 달비 가발이 필요할 수도 있다. 숍에서 구비하고 있지 않은 경우도 있고, 대여 제품은 상태가 좋지 않을 수도 있다. 때문에 본인 제품을 가지고 있는 것이 좋다. 가발을 활용할 자신이 없다면 대회 전 헤어연장술을 하는 것도 한 가지 방법이다.

● 포니테일 가발   ● 한복 가발(달비, 쪽머리)   ● 부분(가닥) 가발

스타일링 고정 제품

합숙이나 대회 시 시간의 경과에 따라 헤어스타일이 흩어지거나 망가질 수도 있다. 이때 활용할 수 있는 것이 U핀, 실핀, 스프레이, 스틱 왁스 등이다. 실핀과 U핀은 업스타일이나 스타일 연출에 아주 유용하게 사용된다. 헤어 가발을 착용하거나 헤어 장식을 고정할 때도 실핀과 U핀이 쓰인다.

스프레이와 스틱 왁스는 원하는 모양의 헤어를 연출하고 전체 스타일을 고정시키는데 아주 중요하다. 스프레이를 뿌리지 않으면 시간 경과에 따라 땀과 습기에 헤어스타일이 풀리거나 망가진다. 스틱 왁스는 지저분하게 뜬 잔머리를 눌러주는 데 효과가 있다. 대회가 진행되는 동안 이런 스타일링 고정 제품들은 늘 휴대하도록 하자.

너무 과도한 성형은 NO, 이미지 보완 시술은 YES

성형의 찬반여론, 당신의 의견은?

미인대회 성형에 관한 찬반 의견은 오랫동안 지속되어 오고 있다. 이는 미인대회의 성 상품화 논란과 그 시작을 함께한다.

몇 년 전에는 미인대회 수상자들의 성형 전 과거 사진이 이슈화됐다. 이로 인해 성형미인의 미인대회 참가와 수상에 대한 여론이 뜨겁게 가열되기도 했다.

2013년에는 비슷하게 생긴 미스코리아 지역 대회 참가자들의 사진이 쭉 나열된 이미지가 온라인에 한참 퍼져갔다. 많은 사람에게 '스무 명의 의자매'라 불리는 그 사진은 아직도 인터넷에 떠돌아다니고 있다.

성형에 대한 긍정과 부정에 대한 여론은 늘 팽팽하게 맞서지만, 나는 성형 자체에 대해서는 긍정적인 생각을 가지고 있다. 다만 너무 과도한 성형은 선호하지 않는다.

성밍아웃

나는 성형수술을 했다. 어릴 때부터 낮고 입체감 없는 코가 콤플렉스였다. 그리고 사진을 찍거나 무대에 섰을 때 밋밋한 이미지로 보이는 게 싫었다. 더군다나 코뼈가 휘어져 있어 얼굴 좌우의 비대칭이 도드라졌기에 누군가가 나를 정면으로 바라보는 시선이 부담스러웠다.

여러 가지 이유로 고등학교 때 코 수술을 했다. 하지만 첫 코 수술은 성공적이지 못했다. 의사 선생님의 말을 빌리자면 나의 경우 코 안에 있는 지반이 평평하지 않아 보형물이 자리를 잡으면서 휘었다고 하셨다.

그로부터 몇 년 뒤 재수술을 했다. 첫 수술에서는 자연스러운 높이로 보형물을 넣었는데 두 번째 수술에는 욕심을 냈다. 훨씬 또렷한 이미지가 갖고 싶었고, 이왕 다시 하는 거 높게 수술해달라고 요구했다.

그런데 두 번째 수술을 하고 난 뒤 이미지가 너무 강해져버린 게 아닌가! 오랜만에 만나는 사람들은 내 얼굴을 보고 전보다 더 또렷한 느낌은 있지만 코가 너무 높아져 인상이 세 보인다고 했다. 심지어 얼굴에서 코만 보인다면서 얼굴을 버려났다는 얘기까지 하는 사람도 있었다.

내가 봐도 얼굴과 코가 따로 노는 듯한 느낌이 들었다. 성형으로 단점을 보완해야 하는데 부정적인 이미지가 생겨버려 안 하느니만 못하게 되었다.

결국 나는 다시 재수술을 결심했고 코만 여러 번 수술했다. 지금 내 코는 수술했다는 이야기를 하지 않으면 아는 사람이 별로 없을 정도로 자연스러운 높이다. 얼굴과 가장 조화가 잘 맞는다는 이야기를 듣는다.

성형의 장점, 이미지 보완과 자신감 상승

나는 성형에 관한 긍정적인 경험과 부정적인 경험을 전부 다해보았다. 이로 인해 느낀 점은 본인의 단점을 보완해줄 수 있는 적당한 성형은 여러모로 도움이 된다는 것이다.

그중에서도 자신감 회복이 가장 큰 장점이라고 생각한다. 코를 수술함으로써 좌우로 비대칭이었던 얼굴이 조금 교정되었다. 이로 인해 어릴 때부터 콤플렉스였던 단점을 보완했다는 자신감이 생겼다. 휘어져 있던 코를 바로잡으면서 이미지도 개선되었고, 예전보다 입체감 있는 얼굴도 가지게 되었다.

수술 전까지는 밋밋한 내 얼굴 때문에 사진 찍는 것이 싫었고, 누군가가 나를 바라보면 단점을 보이는 것이 싫어서 시선을 피했다. 하지만 수술 후에는 이러한 습관들도 고치게 되었다.

성형수술은 단순히 외모만 바꿔준 것이 아니었다. 내 마인드와 습관의 변화에도 긍정적인 영향을 끼친 것이다. 아마 수술을 하지 않았더라면 아직까지도 매일 거울로 코만 쳐다보고 있었을지도 모른다.

내 지인들이나 학생들이 나에게 성형에 관한 상담을 해오면 나는 어떤 이유에서 수술을 하고 싶은지를 먼저 물어본다. 다양한 경우가 있지만, 조금 부족한 부분을 보완하고자 하는 경우, 콤플렉스 때문에 이미지를 개선하고 싶어 하는 경우에는 찬성한다. 본인의 단점을 개선하면서 자신감도 얻을 수 있을 것이고, 기존보다 좋은 이미지를 가지게 되면 다방면으로 긍정적인 부분이 많이 생기기 때문이다.

너무 과도한 성형은 부담스러워요

"사진으로 봤을 땐 괜찮았는데 실물을 보니……."

간혹 몇 번의 미인대회 참가에도 좋은 결과를 얻지 못한 참가자들이 과도한 성형을 강행하는 경우가 있다. 수상을 하지 못한 이유가 외모 때문만이라고 판단하기 때문이다. 정말 안타까운 생각이 아닐 수 없다. 사실 그 이유가 전부는 아닐 텐데 말이다.

TV를 보다 보면 예전과 달라진 외모로 구설수에 오르는 연예인들이 있다. 수술을 너무 과하게 한 나머지 가지고 있던 고유의 이미지를 다 잃어버리고 도리어 안티 팬이 생기는 경우도 있다.

미인대회 또한 마찬가지다. 2년 전, 내가 심사를 갔던 대회에서 '선'을 수상한 후보가 있었다. 무대에 오르기 전 대기실에서부터 눈에 띄었던 그녀는 좋은 성적을 얻었다. 그리고 얼마 전 다른 대회에서 우연히 그녀를 다시 만났다.

솔직히 처음에는 그녀를 알아보지 못했다. 누군가가 나를 보고 반갑게 인사를 건네는데, 분명히 이름은 내가 알던 그 사람이 맞는데 얼굴이 전혀 생소한 것이다. 그녀 앞에서는 놀란 티를 내지 못했지만 속으로는 엄청 당황스러웠다.

소위 말해 난도질을 해놓은 느낌이었다. 원래도 크고 예뻤던 눈을 더 크게 만들려는 욕심으로 너무 두껍게 쌍꺼풀 수술을 한 것이다. 다른 대회에서 '선'을 수상할 만큼 눈에 띄었던 그녀인데, 결국 그 대회에서는 아무것도 수상하지 못했다.

출전하는 지원자들 중 누가 봐도 티가 날 만큼 과도하게 성형을 한 사람들이 있다. 크고 시원한 이목구비를 가지고 싶은 마음이었겠지만, 부담스러운 생각이 들 정도의 과도한 성형은 상대로 하여금 반감이 생기게 만든다.

이런 경우 후보 개인이 가지고 있는 장점들을 보여주기도 전에 외모로 인해 부정적인 인식이 먼저 생겨 버릴 수도 있다. 이는 심사 결과에도 좋지 않은 영향을 끼친다.

내가 몇 번의 코 수술을 경험한 뒤 느낀 점이 있다. 무조건 과하게 하는 게 좋은 것이 아니라는 것이다. 물론 그렇게 수술을 해서 본인의 이미지와 잘 어우러진다면 상관없다. 하지만 내 이목구비와의 조화를 생각하지 않고 단순히 큰 눈, 오뚝한 코처럼 욕심껏 수술을 한다면 조화를 이루지 못할 가능성이 높다.

또한 한번 과도하게 해버린 수술은 다시 돌이킬 수 없다는 단점도 있다. 재건 수술도 존재하지만 완벽하게 처음처럼 돌릴 순 없기에, 신중하게 생각한 후 본인의 이미지를 보완해줄 수 있는 적정선의 수술을 권장한다.

수술이 두렵다면 시술부터

수술 자체가 두렵거나 보장되지 않은 결과가 걱정이라면 시술을 먼저 받아보는 것도 방법이다. 나는 필러, 보톡스, 피부레이저, 물광주사 등 다양한 시술을 경험해보았다. 10년이 넘는 시간 동안 다양하게 경험해온 시행착오를 바탕으로 최근에는 단점들을 보완해줄 시술만 한두 가지 받고 있다.

나는 습관성 인상 주름을 가지고 있다. 어릴 때부터 시력이 안 좋아 찡그리듯 사물을 쳐다보는 습관이 있었는데, 그 습관으로 미간에 인상 주름이 생긴 것이다. 인상 주름이 있으면 화가 나 보이고 예민한 사람이라는 느낌을 준다.

나는 이 느낌을 없애기 위해 3~6개월에 한 번씩 미간에 보톡스를 맞고 있다. 보톡스를 맞게 되면 한동안은 미간 사이에 힘이 들어가지 않는다. 그래서 습관적으로 찡그리던 버릇을 줄여주기에 이미지 개선에도 도움을 주고, 주름이 깊어지는 것도 어느 정도 방지할 수 있다.

수업을 진행했던 한 수강생의 경우 사각턱이 콤플렉스였다. 본인의 각진 턱도 싫고, 그로 인해 넓어 보이는 얼굴이 스트레스라며 고민이 많았다. 얼마 지나지 않아 그녀는 턱 보톡스를 맞고 왔다. 시간의 경과에 따라 보톡스 효과가 나타나는지 턱이 점점 갸름해지는 것이 내 눈에도 보였다. 그녀는 아주 흡족해했다. 시술을 받고 훨씬 자신감도 생긴 듯했다.

요즘은 미인대회 출전자뿐만 아니라 일반인들 중에서도 성형을 하지 않은 사람을 손에 꼽을 정도다. 쌍꺼풀이나 코 수술은 이제 성형 축에도 끼지 못한다는 우스갯소리도 있을 정도로 성형이 보편화되어 있는 것이 현실이다.

하지만 유독 미인대회에 출전하거나 보여지는 일을 하는 사람들에게는 그 잣대가 엄격하다. 성형 자체가 나쁜 것은 아니지만, 미를 추구하는 일을 하는 일부 사람들의 무분별하고 과도한 성형으로 인해 부정적인 인식이 생긴 것이다.

내 단점을 보완해줄 적정선의 수술 혹은 시술은 자신감의 상승과 더불어 이미지 개선에도 효과적이다. 하지만 그 이면에도 늘 부작용과 위험 부담이 뒤따른다. 효과를 느끼는 것도 개인차가 있기 때문에 어떤 것이 좋다 나쁘다 판단을 내릴 수도 없다.

나는 몇 년 전 이마가 도톰해 보이고 싶어 필러를 맞았는데 의자에 기대서 잠들었다가 모서리에 눌려 한쪽 이마가 훅 패여 들어간 경험도 있다. 물론 내 실수였지만 그만큼 관리의 중요성도 생각하게 된 계기였다.

이 모든 것의 책임은 오롯이 본인의 몫이다. 이미지 개선과 더불어 실패 확률을 줄이려면, 최대한 여러 곳에서 상담을 받고 신중하게 결정해야 한다. 명심하자. 과유불급!

각 대회 수상자를 분석하면
그 대회 필승 스타일이 보인다

수상자는 대회의 스타일을 보여준다

미인대회는 대회마다 각자의 스타일이 존재한다. 이는 외모에 국한되지 않는다. 대회마다 성격이 다르기 때문에 평가 기준도 다르다. 예를 들어 세계대회에 출전해 각 나라의 대표들과 겨루어야 하는 대회는 서구적인 몸매와 장신의 후보들을 선호할 수밖에 없다. 또한 지역 특산물 아가씨 선발 대회는 지역을 대표하는 각종 행사에 참여하는 경우가 많아 그 지역 출신이나 거주자를 선호하기도 한다.

뿐만 아니다. 스피치 능력을 중시하는 대회, 인성을 중시하는 대회 등 외모뿐만 아니라, 추구하는 체형, 의상 스타일, 헤어 및 메이크업 스타일 등 각 대회의 성격에 따라 스타일이 전부 다르다.

만약 어떤 대회를 출전할지 결정했다면, 그 대회에서 수년간 수상한 사람들의 자료를 꼭 찾아보자. 스타일을 잘 파악하면 출전 시 많은 도움을 받을 수 있다. 몇 년간 수상자들의 자료를 찾아보면 어떤 면을 중점적으로 준비해야 하는지 포인트를 잡을 수 있기 때문이다. 분명 그들 사이의 공통점이 존재한다.

만약 처음 개최하는 대회라면 대회 슬로건에 중점을 두고 준비하도록 하자. 기존에 개최되던 대회는 정보를 많이 찾아볼수록 좋다. 요즘은 며칠 내로 인터넷에 자료가 올라오고 기사화된다. 인지도가 있는 대회들은 실시간으로 후보자들의 무대 사진이나 영상이 인터넷에 올라오기도 한다.

인터넷만 잘 찾아봐도 대회 영상과 자료는 손쉽게 구할 수 있다. 최대한 수상자들의 정보를 많이 찾아본 뒤, 대회의 스타일을 분석하고 참가 여부를 결정해야 한다. 그래야 승률을 높일 수 있다.

승률을 높이는 정확한 분석

"도대체 제가 왜 떨어졌는지 모르겠어요. 별로 부족한 게 없었던 것 같은데……."

작년 가을 수업을 진행한 한 수강생이 첫 상담 중에 했던 말이다. 일단 내 기준으로 판단했을 때 그녀는 아담한 이미지에 가까웠다. 전체적으로 동글동글한 느낌에 한국적인 느낌의 체형을 가졌다. 하지만 그녀가 나갔던 대회는 서구적인 체형과 이미지를 중점적으로 보는 대회였다.

본인이 수상하지 못한 이유를 물어오는 그녀에게 혹시 여태까지 수상한 사람들의 정보를 찾아 본 적이 있는지 물었다.

"작년에 수상하신 분이 영어를 엄청 잘하시던데요? 제가 외국에서 살다 와서 영어는 자신 있거든요. 그래서 참가한 건데……."

그녀는 단순히 전년도 우승자 정보 한두 가지만 듣고, 외국어 능력이 많이 유리하게 작용할 거라 생각했다. 대회 스타일과 수상자 분석을 잘못한 것이다. 몇 년간 그 대회의 1위 수상자는 동양적인 이미지와는 다소 거리가 있었다.

정보를 조금만 더 찾아봤더라도 본인이 가지고 있는 이미지와는 방향이 조금 다르다는 것은 알 수 있었을 텐데. 이렇듯 간혹 대회 스타일을 잘못 분석해 본인의 탈락 이유를 명확하게 알지 못하는 경우도 있다. 특히 대회에 처음 출전하는 출전자들의 경우 이런 경우가 많이 발생한다.

다른 시선으로 바라보라

종종 인지도 있는 미인대회가 끝난 뒤 수상자들을 향한 부정적인 평가가 뒤따를 때가 있다. 인터넷상에서 악플을 달고 설전이 벌어지기도 한다.

우리가 미인대회 수상자라고 했을 때 흔히 떠올리는 이미지와 거리가 있는 경우 그 정도는 더 심하다. 이는 외모나 외적인 것이 미인대회의 전부라고 생각하는 사람들의 시선 때문이다. 어디에 심사의 중점을 두는지에 따라 수상자 또한 달라진다.

한 지역 특산물 아가씨 대회가 끝난 뒤, 수상자들의 사진에 악플이 달린 것을 보았다. 특히 '진'에 선발된 후보를 향한 외모 지적이 많았다. '동네에서 예쁘다는 소리도 못 들을 만한 외모 수준'이라는 내용이었다. 수상자보다 탈락한 후보들 중 외적으로 더 뛰어난 사람이 많다는 이유에서였다.

그 대회는 지역 특산물 홍보를 위해 대회를 개최하는 만큼 효과적으로 홍보를 잘할 수 있는 후보를 선호했다. 그러다 보니 스피치 능력이 외모보다 우선시되었던 것이다. 그해에도 전년도와 다를 바 없이 스피치 점수를 많이 받은 사람들이 선발된 것인데, 사람들은 단순히 외모가 생각만큼 못 미친다는 이유로 수상자들을 낮게 평가했다. 적어도 그 대회가 어떤 스타일을 선호하는지 알았다면 그 수상자들의 다른 시선으로 바라보았을 텐데 말이다.

같은 대회라도 지역별로 다르다

재미있는 것은 같은 타이틀을 가지고 있는 대회도 개최하는 지역마다 수상자들의 이미지가 다르다는 것이다. 수상자들의 이미지가 다르다는 것은 선호하는 스타일도 지역마다 다르다는 것이다.

대표적으로 미스코리아 대회만 보더라도 지역별 수상자들의 느낌이 확연히 다르다. 외모 이미지뿐만 아니라 헤어스타일, 의상 스타일, 스피치, 전체적인 느낌 자체가 상이하다. 수년간 지역 미스코리아 수상자를 지켜본 사람들이라면, 수상자의 스타일링만 봐도 어느 지역인지 대충 가늠할 수 있을 것이다.

지역 대회를 거쳐 본선 대회에 올라가게 되면 같은 물품을 지원받고, 같은 교육을 받게 되기 때문에 비슷한 느낌을 가지게 된다. 하지만 지역 대회는 지역마다 수상자들의 평가 기준과 선호하는 이미지가 다르기 때문에, 본인이 가지고 있는 여러 가지 요소들을 먼저 분석하는 것이 좋다.

그 후 자신이 가장 유리하게 평가받을 수 있는 지역으로 출전하는 것을 추천한다. 같은 대회라도 어느 지역으로 출전하느냐에 따라 결과가 달라질 수 있다.

미소 트레이닝으로
호감을 배가시켜라

웃는 얼굴에 침 못 뱉는다

누군가가 나에게 환하게 웃으면서 다가온다면 그 얼굴을 보고 화를 낼 수 있을까? 화가 났던 마음도 도리어 누그러질 것이다. '웃는 얼굴에 침 못 뱉는다'라는 옛 속담도 있다.

이처럼 웃는 얼굴, 미소는 상대방과 나의 관계를 무장해제 시키는 강력한 힘을 가지고 있다. 혹시 미인대회에서 수상한 사람들 중 무표정에 딱딱한 얼굴로 높은 등수를 얻는 경우를 본 적 있는가? 나는 한 번도 본 적이 없다. 되레 그 반대의 경우는 본 적 있다.

대회 내내 늘 활짝 웃는 표정으로 긍정적인 인상을 심어준 후보자가 미스코리아 지역 예선에서 1위를 한 것이다. 실제로 그녀에게 수상 비결을 물었을 때도 돌아온 대답은 "계속 웃고 다녔더니 예쁘게 봐주신 것 같아요"였다.

물론 그녀의 다른 면들도 뛰어났지만 웃는 인상이 다른 사람들에게 긍정적인 느낌으로 호감을 준 것만은 틀림없다고 생각한다. 나부터도 그녀를 처음 봤을 때 활짝 웃는 모습을 보고 인상 좋다는 느낌을 받았으니까.

너 화났어?

하지만 간혹 이 미소의 힘을 간과하는 후보들이 있다. 2010년 지역 아가씨 선발대회에 출전했을 때의 일이다. 첫인상은 여리여리한 몸매에 외모 자체로만 봤을 때는 괜찮은 후보가 있었다. 그런데 단 한 가지, 딱딱하게 굳어 있는 표정과 꼭 다문 입술은 왠지 화가 나 있는 듯 보였다.

처음에는 '기분이 안 좋은 일이 있나?'라고 생각했는데 합숙을 하면서 겪어보니 그냥 평소에 습관적으로 짓고 있는 표정이 그 표정이었던 것이다. 표정 때문에 차갑고 화가 나 보이는 그녀에게 아무도 다가가지 않았고, 합숙이 진행되는 동안 계속 혼자였다.

대회 당일, 각자의 프로필 사진이 실린 팸플릿을 받았다. 모두 예쁘게 미소 짓거나 활짝 웃고 있는 사진이 실린 와중에 그녀의 무표정한 사진은 다른 후보자와 유난히 비교되는 듯했다.

1대1 사전 심사 시간, 한 심사위원이 나에게 웃는 모습이 너무 예쁘다며 이야기를 건넸다.

"이예령 후보자는 웃는 모습이 너무 예쁜데…… 아까 ○○ 후보자는 표정이 하나도 없더라고요. 외모가 괜찮아서 체크해두었는데 그 점이 너무 아쉽네."

그 말을 듣고나서 그 후보자가 오늘 좋은 결과를 얻기 힘들 것 같다는 예상을 했고, 결국 그녀는 무관에 그쳤다.

또 다른 대회에서 있었던 일이다. 딱 봐도 모델 같이 마른 몸매에 길쭉한 팔다리, 주변에서 얘기를 들어보니 역시 모델 활동을 하는 후보라고 했다. 그러나 그녀의 표정을 보고 나는 선뜻 다가가기가 어려웠다.

심지어 그녀와 같이 대회에 참가한 후보가 나와 알고 지내던 친구라 조금 편하게 대화를 나눌 수 있었음에도 나조차 형식적인 말 몇 마디를 건넨 것 빼고는 그녀와 이야기를 거의 나누지 못했다. 대화를 나눌 때마다 웃음기 하나 없는 차가운 표정은 비호감에 가까웠기 때문이다. 외형적으로 몸매나 외모가 다른 후보들보다 뛰어났기에 모델상을 수상했지만, 순위권에는 들지 못했다.

입 근육 스트레칭으로 예쁜 미소를 얻어라

예쁜 미소는 긍정적인 인상을 남기고 상대방에게 호감을 준다. 미인대회에서도 동일하게 작용해 미소가 대회의 결과를 좌지우지하기도 한다. 그렇다면 예쁜 미소는 어떻게 만들 수 있을까? 얼굴의 표정은 근육의 움직임과 연관되어 있다.

스트레칭으로 예를 들어보자. 매일매일 근육을 움직이는 운동선수나 댄서들은 일정하게 근육을 사용하기 때문에 스트레칭을 하는 것이 힘들지 않다. 하지만 평소 스트레칭을 하지 않던 일반 사람들이 갑자기 스트레칭을 하려고 하면 잘 되지 않을뿐더러 통증에 시달리거나 근육이 손상되기도 한다.

미소도 이와 같다. 얼굴 근육이 유연해져 있어야 자연스럽게 미소 짓는 것이 가능하다. 평소에 웃지 않던 사람이 무대 위에서 사용하지 않던 근육을 갑자기 사용한다면 입가에 경련이 일어난다.

근육은 사용하기에 따라 늘어나고 줄어든다. 그렇기 때문에 평소에 연습을 많이 해놓는것이 중요하다. 미인대회에 출전하기로 마음먹었다면 당장 미소 근육 만들기 연습부터 시작하라. 내가 평소에 하고 있는 입 근육을 풀어주는 방법과 미소 연습 방법을 소개하니 따라해보자.

입 근육 풀어주기
1. 얼굴에 힘을 뺀 상태에서 입술을 다물고 한쪽 입꼬리를 끌어올릴 수 있는 데까지 3초간 올린다. 반대편도 똑같이 3회 반복한다.
2. 얼굴에 힘을 빼고 입을 다문 상태에서 2~3초간 코로 숨을 들이마신다. 숨을 들이마시면서 양쪽 입꼬리를 동시에 끌어올린다. 3초 유지 후 숨을 내쉬면서 힘을 뺀다. 똑같이 3회 반복

한다.

3. 아, 에, 이, 오 발음을 번갈아가면서 한다. 이때 포인트는 입
모양을 최대한 크고 정확하게 하는 것이다.

미소 연습하기

1. 근육 이완 연습을 한 후 양쪽 입꼬리를 귓바퀴에 건다고 생각
하고 최대한 끌어올리자.

2, 이때 입과 눈이 같이 웃고 있는지 확인하라.

3. 윗니가 8개 이상 보이는 것이 활짝 웃는 느낌을 준다.

활짝 웃는 표정 만드는 요령 3가지

성격 혹은 살아온 습관 때문에 잘 웃지 못하는 사람이 있다. 하지
만 우승하고 싶다면 꼭 연습해야 한다. 그동안 내가 해왔던 활짝 웃
는 표정을 만드는 3가지 요령을 알려주겠다.

내가 1등을 했다고 상상하라

표정 근육은 감정에 따라 움직인다. 행복한 일이 생겼을 때 저절
로 웃음이 나오고 표정이 밝아지는 경험이 있지 않은가. 내가 대회
에서 1등했다는 상상을 해보자. 자연스럽게 입꼬리가 올라가고 표
정에 생기가 가득 차는 것을 느낄 수 있을 것이다. 이때의 느낌을 기
억하자.

대회장에서는 심사위원을 사랑하는 사람이라고 생각해보자. 사랑하는 사람을 바라보면 저절로 기분이 좋아지고, 나도 모르게 자꾸 미소가 지어진다. 부모님이나 다른 대상이라 생각해도 좋다. 마음가짐 하나만으로 자연스럽게 긴장이 풀리고 근육이 유연해진다.

미소교정기를 활용하라

마스크를 쓰면 귀에 고리를 걸게 된다. 입꼬리가 그 고리에 걸려 있어 쭈욱 당겨져 귀 윗부분에 걸린다고 상상해보자. 만약 감이 잘 오지 않는다면 미소교정기 같은 제품을 활용하는 것도 방법 중 하나다. 승무원들이 환한 미소를 위해 연습할 때 사용하는 제품인데 어느 정도 감을 잡을 수 있게 도와준다.

거울을 보고 연습하라

활짝 웃는다고 웃는데 다른 사람들이 볼 때는 어색한 경우가 있다. 이럴 경우를 예방하기 위해 거울 속에 내 모습과 대면하자. 최대한 활짝 웃고 내 모습이 어떤지 평가하자. 입꼬리가 양쪽 대칭인지, 원하는 만큼 시원하게 올라가는지, 눈과 뺨이 같이 웃고 있는지 내 모습을 직접 체크해보면 보완하는데 효과적이다.

바른 자세로
숨겨진 1센티미터를 찾아라

왠지 작아 보이는 그녀

어딘지 모르게 자신감 없어 보이는 모습, 주눅 든 듯한 인상.

수년 전 한 대회를 나갔을 당시, 나와 같은 방을 쓴 친구의 첫인 상이다. 나는 그녀의 첫 모습을 보고 그녀가 공부만 하던 학생이었 을 거라 짐작했다.

각 후보자들이 자신을 소개하는 시간, 그녀는 이름만 대면 알만 한 학교에서 한의학을 전공하고 있다고 했다. 더불어 이런 대회가 처음이고 화장하고 치마를 입고 있는 것 자체가 매우 어색하다며 쑥 스러워 했다.

어떻게 그녀가 공부만 하던 학생일 거라 짐작할 수 있었을까? 바로 그녀의 자세 때문이었다. 앞으로 쭉 나와 있던 거북목과 그로 인해 구부정해진 자세로 그녀의 평소 습관을 예측할 수 있었다.

책상에 앉아 장시간 공부를 하다 보면 자연스럽게 고개가 아래로 향하고 목을 앞으로 내밀게 된다. 이렇게 습관화되어 굳어진 그녀의 자세 때문인지 키도 실제보다 더 작아 보이는 듯했다. 신체 사이즈 측정을 했을 때 그녀의 키는 170센티미터 정도였는데 167센티미터 정도의 키를 가진 친구와 나란히 섰을 때 비슷하단 느낌이 들었다.

합숙 동안 이어진 워킹 연습 시간. 그녀는 목이 앞으로 심하게 나와 있어 걸을 때마다 몸과 따로 움직이는 듯했다. 대회가 진행되는 동안 워킹 수업을 통해 자세를 고쳐 나가기는 했지만, 오랜 시간 습관화되어 굳어진 자세를 완벽하게 바꾸기는 힘들었다.

자신을 다른 사람들에게 보인 적이 없었기에 자세가 바르지 못하다는 것을 자각하지 못했고, 교정을 할 기회도 없었던 것이다. 그녀는 한의학을 전공하고 있는 수재라는 점에서 나름 이슈화가 되었지만, 안타깝게도 수상을 하지는 못했다.

평소의 습관이 고스란히 무대 위로 올라간다

자세는 한 사람을 평가하는데 많은 영향을 준다. 반듯하지 못한 자세는 다른 사람들에게 자신감 없어 보이고 당당하지 못하다는 인상을 심어준다.

이뿐만이 아니다. 바르지 못한 자세는 척추 불균형, 척추 측만, 골반 불균형 등의 신체의 불균형을 가져온다. 신체 균형이 무너지면 안면비대칭이나 어깨비대칭으로 이어지기도 하고 본인이 가지고 있는 체형보다 작고 불안정해 보인다.

현재는 스마트 시대다. 스마트폰은 우리의 하루 일과와 늘 함께하고, 직장에서는 다들 컴퓨터로 업무를 처리한다. 이 때문에 어디서나 목을 앞으로 쭉 빼거나 고개를 숙이고 구부정한 자세를 취할 수밖에 없다.

미인대회 수업을 진행할 때 벽에 학생들을 세워 놓고 편한 자세를 취해 보라고 하면, 각자가 가지고 있는 신체적 특징들이 고스란히 드러난다. 대개 어깨비대칭, 안면비대칭, 짝다리, 휜 다리, 골반비대칭, 거북목 중 꼭 한 가지 문제는 가지고 있다.

평소 해오던 자세 습관으로 인해 가지고 있는 장점들을 반감시키는 사람들이 있다. 이러한 습관들은 무대 위에서 더 도드라져 보인다. 무대에서 긴장을 하게 되면 신체가 경직되어 가지고 있는 습관과 단점들이 본인도 모르게 드러난다.

실제로 미스코리아 대회에 참가했던 학생 중 수업 때는 크게 심하다고 느끼지 못했는데 막상 무대에 올라가니 극도의 긴장으로 온몸이 다 틀어져 있는 걸 보고 깜짝 놀랐던 적이 있다. 무대 위나 화면에 비친 모습이 이럴 경우, 그 후보자는 심사위원과 관객들에게 좋은 이미지를 주지 못한다.

반대로 키나 체형이 조금 작을지라도 꼿꼿하게 자세를 펴고 최대한 본인을 당당하게 보이려는 사람들은 키나 에너지가 본인이 가지고 있는 것보다 더 커 보이는 효과가 있다.

자세 교정 방법

나는 선천적으로 O자형 휜 다리를 가지고 있다. 조금만 긴장을 풀면 다리가 밖으로 벌어지고, 벌어진 다리로 인해 허리가 무너진다. 허리가 무너지면서 어깨와 목도 앞으로 쏠린다.

이런 이유로 평소 나도 모르게 이런 자세를 취하고 있다 싶으면 인지하고 자세를 다시 고쳐 잡는다. 나 또한 바르지 못한 자세로 인해 키가 더 작아 보이고 자신감 없어 보인다는 이야기를 들은 후 습관적으로 바른 자세를 잡으려고 노력하게 된 것이다.

다음은 내가 올바른 자세를 만들고자 노력하며 터득한 자세 교정 방법이다. 꼭 따라하면서 몸에 좋은 자세를 해보길 바란다.

1. 전신 거울이 설치된 반대편 벽에 붙는다.
2. 가슴과 어깨를 벽에 붙인다는 느낌으로 뒤로 펴고 턱을 당기며 시선은 10~15미터 정도 멀리 둔다.
3. 어깨의 좌우 대칭이 같은지, 고개는 한쪽으로 기울지 않았는지, 짝다리를 짚지는 않았는지 체크해본다.
4. 허리 뒤로 손바닥이 왔다 갔다 할 수 있을 정도의 공간을 만든다는 생각으로 허리를 곧게 세운다.

5. 윗배와 아랫배에 힘을 준다.

6. 엉덩이를 가운데 쪽으로 말아 넣는다는 느낌으로 모아라.

7. 엉덩이를 모으면서 허벅지도 자연스럽게 안쪽으로 붙이면 전
   체 다리가 붙는다.

8. 양발의 뒤꿈치는 붙여라.

6장

미인대회를
뛰어넘어
퍼스널 브랜딩까지

미인대회로 만든 인맥은
이렇게 관리하라

인맥의 메카, 대회 관련 행사장

미인대회에서 만나는 인맥들은 평소 쉽게 만들기 힘든 인맥들이 많다. 대회를 진행하는 동안 이들 모두와 관계를 맺기는 힘들지만, 이들을 한 번에 만날 수 있는 기회가 한두 번은 있다. 보통 대회 후 수상자 파티, 연말 송년회, 연초 신년회 등 각종 행사들이 있다. 가능하면 이런 관련 행사에 빠지지 않고 참석하는 것을 권장한다.

행사에 참여하는 인원은 행사 규모에 따라 다르지만 보통 대회 관계자, 협찬사, 언론사, 심사위원 등 대회에 도움을 주신 분들이 대거 참석한다. 이런 행사는 대회처럼 경쟁을 하는 것이 아니기 때문에 분위기가 훨씬 편하고 부드럽다. 다 같이 축하해주고 즐기는 목적이 크기 때문에 두루두루 관계를 맺기에 더할 나위 없는 장인 것이다. 이때를 기회로 삼아 최대한 장소와 분위기에 맞게 격식을 갖추고 참석하자. 언제나 아름답게 갖춰지고 준비된 사람이라는 이미지를 심어주는 것이 좋다.

행사에 참가했다면 적극적인 자세로 인사를 다니며 본인을 어필하자. 이때는 꼭 명함을 소지하도록 하라. 명함이 없다면 간략하게라도 만드는 것이 좋다. 스마트폰으로 가볍게 번호만 교환하는 것이 일상화되었다 하더라도, 명함을 주고받는 것은 자신의 공식적인 정보를 알리는 것이니 느낌이 다르다. 또한 명함을 건넴으로써 나의 직업과 하는 일을 한 번 더 각인시킬 수 있다. 이는 구두로 나의 정보를 전달하는 것보다 전문성이 있다는 인식도 더해준다.

윈윈전략

실제로 나는 불가피한 일이 아닌 경우 이런 행사에 꼬박꼬박 참석하는 편이다. 그리고 명함을 건네며 바쁘게 뛰어다닌다. 대회 관계자분들과 유대관계도 형성하고, 심사위원이나 협찬사분들과 많은 이야기를 나누며 서로 도움을 주고받을 수 있는 루트를 찾는다. 집에 돌아와서는 받은 명함의 이름과 소속을 기재해 번호를 저장한다. 그래야 어디서 만난 사람인지, 어떤 일을 하는지 헷갈리지 않고 명확하게 기억을 할 수 있기 때문이다.

또한 지속적으로 카카오톡이나 문자를 통해 안부를 묻고 인맥을 이어간다. 요즘은 앱이나 메신저를 통해 쉽게 생일이나 경조사를 알 수 있다. 축하 인사를 건네거나 소소하게나마 기프티콘 같은 선물을 보내는 것도 잊지 않는다.

이런 행사에서 만난 협찬사나 심사위원, 방송 관계자들 중 오랫동안 관계를 유지하고 있는 분들이 있다. 나는 학생들을 가르치기 때문에 이런 인맥을 적극적으로 활용한다.

학생들이 대회에 출전할 때 필요한 드레스나 한복, 프로필 사진은 이런 인맥을 통해 연결해 준다. 학생들이 나를 통해 가게 되면 개인적으로 찾아갈 때보다 저렴하게 이용할 수 있고, 나도 그분들에게 금전적인 이득을 드릴 수 있으니 서로 윈윈하게 되는 것이다. 또한 이렇게 형성된 인맥 중 촬영 팀이나 작가분들은 방송 출연을 제안해 오거나, 출연할 사람을 추천해달라고 부탁하는 경우들도 있다. 이때 수강생이나 수상자들을 적극 추천한다.

다방면으로 인맥을 만들어두면 어떤 일이 어떻게 연결될지 모른다. 간혹 수상 후 이런 행사에 참석하지 않는 사람들이 있는데, 이는 많은 기회를 놓치는 것이나 다름없다.

SNS를 적극적으로 활용하라

요즘 SNS를 안 하는 사람은 드물다. 더군다나 대회에 참가하는 사람들은 자신을 드러내려는 성향을 가진 사람이 많기 때문에 대부분 SNS를 적극적으로 사용한다. 심사위원이나 협찬사, 대회 관계자들은 각 분야에서 왕성히 활동을 하시는 분들이기에 SNS를 할 가능성이 높다.

먼저 그분들의 계정을 찾아가라. 팔로우한 뒤 적극적으로 댓글을 달고 반응을 보이자. 우호적인 관계를 유지할 수 있다.

나에 대해 잘 몰랐던 분이라도 내가 지속적인 반응을 보이면 기억에 남게 된다. 이는 인맥 관리에 상당한 도움이 된다. 상대방에게 특별한 악의가 없는 이상, 나에게 관심을 가지고 먼저 다가오는 사람을 밀어내는 사람은 없다.

벼는 익을수록 고개를 숙인다

'벼는 익을수록 고개를 숙인다'라는 말처럼, 왕관의 무게가 더해질수록 교만하지 않고 겸손해져야 한다.

종종 등수가 권리인 줄 아는 수상자들이 있다. 본인보다 낮은 등수를 받은 수상자를 하대하거나 은연중에 무시하는 경우, 또는 본인이 무조건 주목받아야 한다는 사상을 가진 수상자들. 사람은 자신이 높게 평가받으면, 뽐내고 싶은 마음도 함께 생긴다. 그런 마음에서 상대방을 무시하고 낮게 취급하는 행동이 나온다. 이는 한치 앞도 보지 못하는 행동이다.

미인대회는 출전만이 끝이 아니다. 다양한 행사가 기획되어 있고, 그 행사에 다른 수상자나 관계자들이 함께한다. 만약 본인이 높은 등수를 얻었다고 해서 교만하게 행동한다면 행사가 원만히 치러지지 않을 것은 물론이며, 나에 대한 이미지를 안 좋게 남길 수도 있다. 두 번 다시는 기회가 주어지지 않을지도 모른다. 또한 거기서 맺어진 인연들을 어디서 다시 마주칠지 모르기에 사람까지 잃게 될 수도 있다.

'내가 진인데?', '내가 1등인데?'라는 마음가짐보다는, 내가 높은 등수를 받음으로써 그만큼 다른 사람들의 무게까지 더해 짊어진 것이라고 생각하라. 자신을 낮추고 겸손함으로 다가간다면 더 많은 사람들에게 인정받고 나의 가치를 높일 수 있다. 다른 사람보다 앞장서서 행동하고, 낮은 자세로 먼저 다가가라. 나의 인격에도 왕관을 씌우자.

SNS로 나의 스토리를
꾸준히 알려라

SNS로 나를 표현하라

내가 아무리 좋은 능력을 가지고 있고, 재미있는 스토리를 가지고 있어도 아무도 알지 못한다면 나만의 즐거운 추억으로 남고 말 것이다.

현재는 자기 PR 시대다. 나라는 사람의 존재를 다방면으로 알려야 다른 기회들이 생겨난다. 요즘은 방법들이 무궁무진하다. 그중에서도 1인 미디어가 대세로 떠오르면서 관련 채널들이 몇 년 새 급부상했다. 인스타그램, 페이스북, 블로그, 유튜브 중 하나도 안 하는 사람은 없을 것이다.

SNS가 개인의 사업과 마케팅 수단으로 사용되기도 한다. 이를 통해 수십억씩 수익을 창출하는 사람들까지 생겨났다. 뿐만 아니다. 자신만의 색깔을 표현하고 정체성을 나타내는 공간이 되기도 한다. 이런 SNS나 유튜브, 개인 페이지를 활용하면 특별한 금전적 투자 없이도 효과적인 홍보가 가능하다. 실제로 인기 있는 강연가나 방송인들이 유튜브나 SNS를 통해 대중들과 만나는 이유도 이것이다. 조금 더 부담 없이 다가가 소통할 수 있고, 편하게 정보를 전달할 수 있기 때문이다.

나는 인스타그램과 블로그, 페이스북, 유튜브를 운영 중이다. 이 채널들은 각각의 성격이 다르다. 각자 특화된 부분이 있고, 운영 방식 또한 다르기 때문에 성격에 맞게 잘 활용하면 다방면으로 나를 알리는데 효과적으로 사용할 수 있다.

SNS를 한 번에 시작하기 어렵다면 상대적으로 쉽게 접근할 수 있는 것부터 차근차근 시작해 보자. 전문적이지 않아도 괜찮다. 꾸준한 노출을 통해 나라는 사람을 다방면으로 알리게 되면 내 영역을 확실하게 만들 뿐만 아니라 다양한 기회로 이어질 수 있다.

블로그, 나만의 포트폴리오가 되다

내가 블로그를 처음 접한 것은 10년쯤 전이다. 다른 SNS를 사용하면서도 블로그를 놓지 못한 이유는 아직 블로그만큼 편하게 사용할 수 있는 기록장을 찾지 못했기 때문이다.

블로그는 타 SNS나 페이지에 비해 자세하게 나만의 콘텐츠를 작성할 수 있다는 장점이 있다. 블로그에는 정해진 양식이 없다. 글의 형태가 어떻든, 이미지는 어떤 것을 사용하든 모든 게 자유다. 그렇기 때문에 자유롭게 나만의 콘텐츠를 만들 수 있다.

다른 SNS나 페이지에 비하면 가공하는 과정을 거쳐야 하기 때문에 시간이 걸린다. 하지만 공을 들인 만큼 세세하게 나의 이야기를 기록할 수 있고, 체계적으로 정리하여 보는 사람에게 자세한 정보를 전할 수 있는 양질의 콘텐츠가 된다.

또한 한 번 작성해놓으면 의도적으로 지우지 않는 한 콘텐츠가 없어지지 않기에 오랫동안 지속 가능하다. 꾸준히 콘텐츠를 만들고 내용들을 모으면, 나를 보여주는 제대로 된 '포트폴리오'가 된다는 큰 장점이 있는 것이다.

오랫동안 블로그를 운영하면서 미인대회에 참가할 때마다 스토리와 사진들을 콘텐츠로 작성했다. 지금도 '미시즈유니버스'라는 검색어를 네이버에 검색하면 내가 작성한 콘텐츠가 최상단에 올라 있다. 몇 년이 지난 지금까지 미시즈유니버스 대회에 관심 있는 사람들은 이 검색어를 통해 내 블로그를 방문한다.

이처럼 블로그를 홈페이지화시켜 미인대회 정보, 수업관련 자료들을 올리는 용도로도 사용 중이다. 일부는 블로그에 게시되어 있는 링크를 타고 내가 운영하고 있는 인스타그램이나 페이스북, 유튜브 페이지로 유입되기도 한다.

실시간 홍보 창구, 인스타그램

인스타그램은 모바일에 최적화된 서비스로, 스마트폰과 함께 성장한 SNS다. 실시간 사진을 찍어 나의 활동을 홍보하기에 적합하다.

인스타그램에는 팔로우와 해시태그라는 기능이 있다. 팔로우는 내가 관심 있어 하는 사람의 게시글을 받아볼 수 있는 기능이고, 해시태그는 '#' 뒤에 본인이 원하는 검색어를 붙여 검색할 수 있는 기능이다. 이 기능으로 내가 원하는 콘텐츠만을 선택적으로 찾을 수 있다.

예를 들어 미인대회에 출전하고자 하는 사람이나, 관심 있는 사람들은 해시태그 기능으로 출전자나 수상자의 게시물을 찾아보고 팔로우하게 된다. 같은 해시태그에 동일한 인물이 많이 노출될수록 그 사람의 정체성은 더 확실해진다.

나는 인스타그램 계정을 여러 개 사용 중이다. 하나는 일상적인 게시글과 활동 위주, 나머지는 미인대회 정보와 수업 관련 계정이다. 이 두 계정은 용도가 다르지만 상호 유기적으로 작용한다. 일상 계정에서 수상 내역을 보고 수업 문의를 하기도 하고, 미인대회 계정을 통해 일상 계정도 팔로우한다.

각 계정을 통해 내가 하는 일과 활동까지 홍보하는 일타이피의 효과를 누리고 있다. 또한 판매하는 네이버 스마트스토어 액세서리 숍 '예블샵'으로 링크를 타고 들어가 매출로도 이어진다.

생동감 있는 콘텐츠, 유튜브

주변에 "나 유튜브 시작했어"라고 말하는 사람을 심심찮게 본다. 연예인은 물론 일반인, 직장인들도 유튜버로의 전업을 진지하게 고민하는 시대다.

그만큼 나만의 영상 콘텐츠로 나를 알리려는 사람이 많아졌다. 스마트폰과 카메라만 있으면 누구나 PD가 될 수 있다. 진정한 의미의 1인 미디어가 유튜브다. 실제로 유튜브 시청 시간은 2012년에 비해 10배 이상 증가했다고 한다. 스마트폰의 보급과 함께 언제 어디서나 영상을 시청할 수 있는 환경이 만들어진 덕분에 앞으로도 유튜브의 인기는 계속될 전망이다.

유튜브 또한 정해진 규칙이나 만들어야 하는 형식이 따로 존재하지 않는다. 그렇기 때문에 간단한 영상 편집만 할 수 있다면 진입 장벽이 높지 않다.

영상이라는 부담감으로 시도를 어려워하는 사람들이 있는데, 요즘은 스마트폰 앱을 통해서도 영상 편집을 손쉽게 할 수 있다. 유튜브를 통해 선보이는 콘텐츠는 상상을 초월할 정도로 다양하다. 나는 얼마 전 '미인대회다관왕의 다중생활'이라는 유튜브 채널을 개설했다. 이제 막 시작 단계지만 앞으로 미인대회 정보, 활동, 개인 일상 등 나를 보여주는 다양한 콘텐츠를 꾸준히 만들어갈 생각이다.

내 정체성을 알릴
닉네임을 만들어라

안녕하세요, 미인대회 10관왕 이예령입니다

내가 어떤 장소에서 사람들에게 이렇게 첫 인사를 건네면 보통 이런 반응이 돌아온다.

"미인대회 10관왕이요? 본인이신가요?"

"네? 정말요? 그게 어떻게 가능하죠?"

미인대회에서 수상을 한 사람은 만나봤어도 10관왕은 처음 봤다는 것이다. 첫 인사만으로 구구절절 긴 설명 없이 나의 수상 내역과 이름, 내가 어떤 일을 하는지 상대방에게 전부 전달한 셈이다. 이렇듯 자신의 정체성을 표현하는 이름, 상대방에게 나를 대표해 전달할 수 있는 닉네임은 정말 중요하다.

그래서 네가 뭐 하는 사람인데?

어린 시절부터 여유 없이 지내다 보니 늘 경제 활동을 해야 했다. 대학교를 다닐 때 공강 시간이 3시간이 넘는 날에는 그 틈새 시간을 활용해 모델 촬영을 하러 외부로 나갔다. 친구들과 함께 그 시간에 카페에서 커피를 마시며 수다 떨고 싶어도 시간에 쫓겨 다녀오기에 급급했다. 촬영이 적은 달에는 하루이틀 단기 알바라도 하며 생활비를 충당했다.

그 사이 이런저런 방송활동, 대외활동, 학교 공연 연습까지 하면서 하루하루 시간을 정말 알차게 쪼개 썼다. 졸업 후 결국 이런 생활을 버티다 못해 직장생활을 하게 되었을 때도 저녁에는 카페 알바를 하고 주말에는 이미지 컨설팅, 미인대회 강의를 다닐 정도였다. 그러다 보니 참 잡다하게 할 줄 아는 게 많았다. 모델, 방송인, 미인대회 타이틀, 바리스타, 이미지 컨설턴트 등 지금 세보니 각종 자격증도 참 많다.

그 무렵 한 모임에 가서 나를 소개하게 된 일이 있었다. 나는 하고 있는 일을 쭉쭉 늘어놓기 시작했다.

"제 이름은 이예령입니다. 저는 현재 직장생활을 하면서, 저녁에는 카페에서 일을 하고 있습니다. 미인대회에 수상 경험도 많아서 주말에는 강의나 모델 활동을 하고요."

이렇게 열심히 나를 소개하고 있는데, 한마디 말이 훅 날아왔다.

"그래서, 정확히 뭐하는 분이신데요?"

그때 내 자신이 참 초라해 보였다.

'그러게, 나 뭐하는 사람이지?' 그렇게 아등바등 발버둥치며 나름 최선을 다해 살아왔는데 내가 무슨 일을 하는지, 어떤 직업을 가졌는지 한마디로 표현하지도 못하는 상황이 참 아이러니 했다.

지금 생각해보면 그 사람들에게는 나의 정체성이 모호했을 것이다. 이것도 한다, 저것도 한다는 내 모습에 그분들은 의문을 가졌던 게 당연하다. 결국 상대방의 입장에서 보면, 나를 대표적으로 표현할 수 있는 이름은 단 하나도 없었다.

나는 한동안 내가 정말 누구보다 잘할 수 있는 일, 앞으로 나의 방향성, 나를 한마디로 정의할 수 있는 단어가 무엇일까 고민을 거듭했다. 다른 사람과 차별화된 나만의 확고한 정체성을 만들어야 했다. 노트에 나의 인생 경험, 특징, 잘하는 것, 앞으로 하고 싶은 일, 나만이 할 수 있는 일을 쭉 써내려갔다.

그래, 바로 이거다

내 노트에는 미인대회에 관련된 이야기가 대부분이었다. 첫 타이틀을 수상한 것부터, 그로 인해 얻은 다양한 경험들, 시간이 흐르고 나만의 노하우로 미인대회 강의를 하게 된 것까지. 미인대회 이야기가 페이지를 가득 채웠다. 수상으로 인해 나의 가치가 상승되는 느낌을 느꼈을 때 행복했다. 결국 나를 가장 잘 나타나는 단어가 '미인대회'다 싶었다.

그럼 미인대회와 나의 정체성을 어떻게 연결시킬까? 그 당시 나는 타이틀이 7개였다. 주변에서 '미인대회 나가면 무조건 수상을 하는 애'라고 통하고 있었다. 그때도 내 타이틀 개수를 따라오는 사람이 없었다.

아, 그럼 '미인대회 7관왕'으로 내 닉네임을 정하고 앞으로 수상할 때마다 개수를 바꾸는 걸로 하자! 그 뒤로 '미인대회 N관왕'으로 닉네임을 정해 활동하고 있다.

수상 개수가 늘어날 때 마다 뒤에 숫자만 바꿔서 나를 소개한다. '미인대회 N관왕'으로 나를 소개하면 기억 못 하시는 분이 없다. 닉네임 덕분에 나의 이미지를 확실하게 각인시키는 효과를 누리는 것이다. 오랜만에 만난 사람들에게 다시 인사를 건넬 때면 "저번에는 8관왕이더니, 이젠 10관왕이야? 대단하다 진짜! 또 늘었네"라는 이야기를 듣기도 한다. 닉네임의 효과, 톡톡하다.

이예령미인대회연구소

내가 겪은 미인대회 경험과 노하우를 다른 사람에게 전달해줄 때 너무 신났다. 무엇보다 미인대회 관련 수업을 할 때, 학생들이 발전해나갈 때 무엇보다 더 큰 보람을 느낀다. 내가 느꼈던 것과 비슷한 고민을 가진 친구들을 보듬어줄 수 있다는 것이 뿌듯하다.

지금 내가 운영하는 미인대회 수업의 명칭은 '이예령미인대회연구소'다. 조금 유치할 수도 있지만 이만큼 내 수업의 성격과 아이덴티티를 잘 드러내는 이름은 없는 것 같다. 실제로 나는 미인대회를 연구한다. 미인대회는 대회마다 특성이 있다. 비슷한 대회라도 그 안에 세부적인 평가요소들은 다르다. 그 특성들을 분석해 효과적인 전략으로 수상 확률을 높이는 것이 내 목표다.

'미인대회연구소'라는 명칭을 사용한 뒤 주변의 반응이 좋다. 미인대회 수업을 하는 곳은 더러 있어도, 연구소라는 명칭을 사용하는 곳은 없다. 때문에 신선하기도 하고 미인대회를 연구하는 전문가 이미지로 더 신뢰가 간다는 것이다.

처음엔 내 수업에 성격을 부여하고자 만든 말이었는데 어느 날부턴가 사람들이 '연구소장'으로 나를 부르고 있었다. 그래서 지금은 내 수업의 공식적인 명칭이 되었다. 내가 운영하는 SNS 페이지에도 이 해시태그를 달고 있다. 아마 특별한 이변이 없는 한 앞으로도 쭉 나와 함께 가는 명칭이 될 것 같다.

이처럼 닉네임은 그 사람의 이미지를 나타내주기도 하지만 자신의 브랜드를 만드는 데에도 큰 역할을 한다. 특히 그 닉네임이 독특하거나 남들과의 차별점이 있을 때 사람들의 기억 속에 더 확실하게 각인된다.

나의 일과 미인대회의
연결고리를 찾아라

미인대회 수상자가 만드는 '왕관쿠키'

미인대회 수상자 중 카페를 운영하시는 분이 있었다. 작년에 결혼 후 남편을 따라 이민을 가게 되어 가게를 접었지만 그녀의 일화가 기억에 남는다. 그녀는 본인이 운영하는 카페에서 디저트를 직접 만들어 판매했는데, 수상 후 왕관 모양을 새긴 일명 '왕관쿠키'를 출시했다.

포장 손님들에게는 왕관 모양의 박스에 담아 판매를 했다. 매장 안에는 미인대회 수상 기념으로 왕관쿠키를 만들어 보았다는 안내 문구를 조그마하게 붙여 두었다.

카페에 오셨던 손님들을 통해 미인대회 수상자라는 입소문이 나면서 근처에 사시는 분들이 호기심에 한 번씩은 들렀다고 한다. 여성분들 중 더러는 미인대회에 어떻게 수상하게 되었는지 경험담을 물어오기도 하고, 진지하게 대회 출전을 문의해오는 분도 계셨다고 한다.

왕관쿠키 출시 이후 방문해주시는 손님도 늘었고, 왕관 박스까지 더해지니 콘셉트가 확실해 졌다. 늘 친절한 그녀의 응대 덕분인지 매출도 함께 증가했다. 과도하게 홍보하지 않는 선에서 본인의 타이틀로 콘셉트를 잡았고 미인대회 수상과 자신의 일을 연결해 매출까지 연결되었던 좋은 사례로 기억한다.

무대를 장악하는 안무 만들어드려요

내 미인대회 동기 중 한국무용을 전공한 언니가 있다. 재학생 때부터 춤 실력이 출중해서 각종 대회를 휩쓸었다.

언니가 지원서에 적어낸 화려한 이력을 눈여겨본 주관사에서 대회 날 특별 공연을 부탁하셨다. 대회 중간에 공연이 진행되었는데, 무대 앞쪽에서 현란한 음악 소리가 들렸다. 나도 대회 참가자였기에 대기실에서 의상을 갈아입고 잠시 쉬던 중, 시끌벅적한 소리를 듣고 무대 쪽을 살짝 엿보게 되었다.

무대를 자유롭게 누비며 춤을 추는 모습에, 나도 모르게 그만 넋을 놓고 보게 되었다. 우리가 흔히 생각하는 한국무용 춤이 아니었고 의상도 독특해서 더욱 기억에 남는다.

나중에 언니가 대기실에 돌아왔을 때 관심 있게 물어보니 그날 무대에서 선보인 춤은 '쟁강춤'이라고 했다. 한국무용 전공자였고, 방송댄스도 겸해서 강사 활동을 하고 있어서 그런지 확실히 무대를 장악하는 에너지가 남달랐다. 그날 언니는 '선'을 수상했다.

얼마 전 안부 연락을 했더니 최근 미인대회 지원자들의 안무를 만들고 가르치는 일을 시작했다고 한다. 처음에는 미인대회 안무 수업을 생각하지 못했었는데, 언니가 수상자라는 것을 알고 도움을 청해온 분들이 종종 있었다고 한다.

워낙에 실력이 출중한 것을 알기에 앞으로 내가 가르치는 수강생 중 장기 자랑으로 한국무용이나 방송댄스 작품을 원하는 분이 있으면 적극적으로 추천해 연결해드리겠다고 말씀드렸다.

조명발 덕분에 수상했어요

내 수강생 중에 인테리어 조명 사업을 하는 분이 있다. 뜬금없이 미인대회와 그게 무슨 관련이 있는지 의문을 가지겠지만, 수상 후 그분의 영업 일화를 듣고 무척 신선하다며 웃었던 기억이 난다.

워낙에 유머러스하고 유쾌하신 분이어서 스피치 능력도 탁월했지만, 미인대회 수상 후에는 이걸 활용해서 영업을 톡톡히 하고 계셨다.

"조명이 얼마나 중요한지 아세요? 제가 이래 뵈도 미인대회 출신인데, 미인대회에 나갔을 때 조명발을 많이 받았어요. 무대 조명에 투자를 많이 하셨더라고요. 그날 제가 그렇게 빛났다는데 조명 덕분인 거 같아요. 여자들 조명발 무시 못 하는 거 아시죠? 집도 조명발에 따라 확 달라져요."

이 방법은 남자분들보다는 여자분들에게 잘 통한다고 한다. 이런 이야기를 하며 분위기를 부드럽게 유도하면 처음에는 어이없다는 듯 웃다가도 "그래, 조명의 역할이 중요하지, 집 분위기를 바꾸는 데 효과적이지"라고 한 번 더 생각을 하게 되고, 그 생각은 선택과 구입으로 이어진다는 것이다.

나도 이 이야기를 처음 전해 들었을 때는 '그게 통한다고?'라고 생각했지만, 반대로 내가 만약 조명을 고르다 그런 이야기를 들었다면, 적어도 한 번은 더 생각해보는 계기가 될 수도 있겠다 싶었다.

앞서 예를 든 사례들 중 한국무용 수업을 제외하고는 미인대회와의 연관성은 크게 없어 보인다. 나조차도 미인대회와 조명, 미인대회와 디저트가 연결될 것이라고는 전혀 생각하지 못했었다. 하지만 그녀들은 자신의 일과 미인대회의 접점을 찾아 활용했다.

이를 통해 느낀 점은 어떤 분야의 일을 하는지보다 어떻게 연결하는지가 더 중요하다는 것이다. 본인이 하는 일과 연관성을 잘 찾으면, 미인대회와의 재미있는 연결고리를 만드는 게 충분히 가능하다.

지금 하는 일이 미인대회와 전혀 관계가 없다고 생각한다면, 생각을 다각화시켜보자. 어떤 기발한 아이디어가 번뜩 하고 떠오를 수도 있다.

포털사이트에
인물검색 등록을 하라

인터넷 검색 한번 안 해본 사람 있나요?

맛집을 찾거나 어떤 자료에 관해 조사를 할 때 내가 가장 먼저 하는 게 있다. 스마트폰에 설치되어 있는 포털사이트 앱에 접속한 뒤 원하는 정보를 검색하는 것이다. 아마 스마트폰을 사용하는 사람들 대부분이 비슷한 행동 패턴을 보일 것이다. 인터넷이 일상화된 만큼 많은 사람들이 매일 포털사이트에 검색을 하고 정보를 찾는다.

그렇다면 사람들이 포털사이트에 검색을 하는 이유는 무엇일까? 먼저 포털사이트에는 엄청나게 많은 정보가 실시간으로 올라온다. 크게 힘들이지 않아도 클릭 몇 번만으로 원하는 정보를 얻을 수 있다는 편리함이 있다.

다른 이유 중 하나는 바로 공신력 때문이다. 실제로 전 국민의 80퍼센트 이상이 포털사이트를 이용해 정보를 찾는다는 조사 결과가 있다. 많은 사람들이 포털사이트에 검색을 하고 정보를 얻는다는 것은 이미 그곳에 신뢰감이 형성되어 있다는 것을 뒷받침하는 것이다. 인터넷이 생활화되어 있는 현 시대 사람들에게 포털사이트는 떼려야 뗄 수 없는 관계다.

인물검색 등록, 공인이 된다는 것

만약 우리가 신뢰를 가지고 있는 포털사이트에 본인의 이름을 검색했을 때 등록된 인물로 검색이 된다면 어떨 것 같은가? 나를 검색한 사람들은 이 사실만으로도 나를 향한 신뢰와 믿음이 형성될 것이다. '백 번 듣는 것보다 한 번 보는 것이 낫다'라는 속담처럼, 내가 어떤 사람인지를 구구절절 늘어놓는 것보다 공신력 있는 곳에서 검증된 사람이라는 것을 한 번 보여주는 것이 더 큰 효과가 있다.

이러한 효과를 낼 수 있는 것이 포털사이트의 '인물검색' 등록이다. 인물검색 등록을 하려는 사람들을 보면, 프로필 노출을 넘어 많은 사람들이 신뢰하는 포털사이트에서 공식 인정을 받은 '공인'이 되려는 목적이 강하다.

공인이 되면 그 자체만으로 남들과 다른 희소성을 가지게 된다. 이는 자신을 브랜드화시키는데 더욱 효과적인 결과를 가져온다. 자신만의 브랜드를 만들면, 많은 사람의 인정이 따를 뿐만 아니라 확고한 자리매김을 할 수 있다. 한 분야의 전문가로 공중받을 수 있는 것이다.

A와 B가 있다고 가정하자. A와 B는 각자 같은 분야에 종사하는 자칭 전문가다. A는 포털사이트에 인물검색 등록이 되어 있고, B는 되어 있지 않다. 이 외에 모든 조건이 같다. 과연 이 둘 중 누구를 더 신뢰하겠는가? 당연히 A다. 같은 조건이라면 신뢰할 수 있는 기관에서 인정받은 사람을 택하게 되는 것은 당연한 이치다.

우리가 흔히 물건을 구입할 때 브랜드를 보는 것은 그 회사에 대한 인지도와 신뢰가 있기 때문이다. 이름도 모르는 회사에서 나온 제품보다, 누구나 알만한 브랜드의 물건을 선호하는 것과 같은 맥락이다. 개인 브랜드를 만드는 과정은 나를 상품화시키는 것이기 때문에 이런 공신력을 갖게 되면 확실한 신뢰감을 형성해주는데 큰 영향을 준다. 이처럼 인물검색 등록은 퍼스널 브랜딩에 있어서 강력한 도구로 사용할 수 있다. 나라는 사람의 브랜드 가치를 올리고 싶다면 인물검색 등록을 할 것을 추천한다.

미인대회 출신 아나운서로 인물검색 등록에 성공하다

실제로 인물검색 등록 후 왕성하게 활동을 이어나가는 지인이 있다. 나와 오랜 시간 사제지간이자 선후배로 인연을 이어가고 있는 장신애 아나운서가 그 주인공이다. 그녀는 '2014 미스그린코리아' 출신으로, 한국 대표로 세계대회에 출전해 좋은 성적을 거뒀다.

그녀는 현재 '미인대회 출신 프리랜서 아나운서'로 활동하고 있다. 미인대회 수상 후 본인의 타이틀에 힘을 더하고, 활동 영역을 넓히고자 인물검색 등록을 한 것이다. 미인대회 타이틀, 활동 증빙 서류, 인터넷 기사들을 취합해 인물검색 등록 신청을 했고 통과가 되어 인물검색 등록이 이루어졌다. 단순히 아나운서가 아니라 '미인대회 출신 아나운서', '세계대회 수상자 출신 아나운서'라는 타이틀로 자신만의 색을 확실하게 잡아 퍼스널 브랜딩에 성공했다.

현재 그녀를 검색하면 '미인대회'와 '아나운서' 활동이 결합되어 있는 관련 기사들이 주를 이룬다. 실제로 그녀는 인물검색 등록 후 더 바쁜 나날들을 보내고 있다. 그녀의 이름을 치면 언론인으로 검색이 되니, 다방면으로 활동 영역을 넓힐 수 있게 되었다. 당연히 일거리도 훨씬 늘었다. 그 전까지는 본인을 아나운서라고 소개하면 어디 소속인지, 어떤 활동들을 했는지 일일이 설명해야 했다. 하지만 인물검색 등록 후에는 검색 한 번으로 본인의 정보와 활동 내역들을 살펴볼 수 있으니 여러모로 편리하다고 한다.

뿐만 아니다. 공신력 있는 포털사이트인 네이버에 등록이 되었으니 아나운서 활동을 하는데 있어 주변의 인정까지 따른다. 인물검색 하나로 자신이 하는 일에 시너지를 얻게 되었을 뿐만 아니라 인지도도 올릴 수 있게 되어 인물검색 덕을 제법 보게 된 것이다. 미인대회 출신 아나운서로 퍼스널 브랜딩하는데 인물검색 등록이 큰 영향을 주었다.

인생과 커리어를 바꾼 12년의 삶

인생이라는 책은 에필로그를 읽을 때까지는 알 수가 없다고 한다.

내 인생의 목차 하나하나에는 켜켜이 왕관이 자리한다.

그와 함께 참으로 격동적인 12년의 시간을 보냈다.

가장 밑바닥에서 찬란하게 빛나는 순간까지.

많이 힘들고 외롭고, 고됐다.

지금 이 순간을 맞이할 수 있는 것은 쓰러지지 않고 버텼기에 가능한 것이리라.

나는 인생의 가장 밑바닥에서 왕관을 썼다.

그렇기에 왕관을 향한 절실한 마음을 그 누구보다 잘 안다.

이 책을 통해 나와 만나는 독자들이 자신만의 장점과 무기를 최대한 활용할 수 있도록, 그들의 노력에 시너지를 더해주는 사람이 되고 싶다.

내 인생에 '책'이라는 새로운 목차가 하나 생겼다.

이를 통해 한 단계 성장했고, 또 한 번의 시작을 한다.

어떤 이야기로 이 페이지를 한 장씩 채워 가게 될까 벌써부터 흥미롭고 설렌다.

인생의 에필로그를 써내려 갈 때 지금 나의 도전이 아름답게 기록될 수 있도록 더욱 힘내서 달려가겠다.

책을 마무리하면서 정말 '최선을 다했다'는 생각이 든다.

결과를 떠나서 끝까지 포기하지 않고 달려온 나를 꼭 안아주고 싶다.

마지막으로, 이 책을 쓰기까지 진심으로 응원해주시고 작은 힘이라도 보태려고 도움을 주신 많은 분들께 고개 숙여 감사의 인사를 드리고 싶다.

진심으로 감사합니다. 사랑합니다.

미인대회,
이것이 궁금해요 Q&A

Q: 나이가 많은데 괜찮을까요?

A: 요즘 미인대회의 참가 연령은 제한이 없다고 봐도 무방하다. 그만큼 연령 대별로 다양한 대회가 생겼기 때문이다. 물론 나이 제한이 있는 대회에는 참가가 불가능하지만, 본인의 나이대에 참가할 수 있는 대회를 찾아 출전하면 된다.

Q: 미인대회 참가비용은 어느 정도 드나요?

A: 참가비용은 대회마다 천차만별이다. 10∼50만 원 정도의 참가비를 내야 하는 대회도 있고, 참가비가 없는 대신 개인이 대회 물품을 준비해야 하는 대회도 있다. 참가비를 내는 대회는 그 안에 의상이나 헤어와 메이크업 스타일링이 협찬으로 들어가 있기도 한다. 참가비가 없는 경우는 개인의 준비 여하에 따라 비용이 달라진다. 과거에는 소위 말하는 미용실에 수백에서 수천만 원의 교육비를 내고 교육을 받기도 했다. 그 이유로 미인대회에 출전하려면 돈이 많이 든다는 인

식이 생겼다. 하지만 요즘은 그렇지 않다. 합리적인 비용으로 교육을 진행하는 아카데미들이 있고, 저렴한 비용으로도 준비물을 구입할 수 있다. 참가비 외에 다양한 요소들은 지원자의 마음대로 생략하고 추가할 수도 있으니 본인의 상황에 맞게 조절하면 된다.

Q: 성형수술을 할지 말지 고민이에요.

A: 개인적인 견해로, 본인이 콤플렉스라고 생각하는 부분을 성형하는 것은 나쁘지 않다고 생각한다. 다만 과도한 성형으로 상대방으로 하여금 부담스러운 느낌이 들 정도는 추천하지 않는다. 요즘의 미인대회 트렌드는 정형화된 외모보다는 각각의 개성과 다른 면모들을 더 중시한다. 본인의 개성을 없애는 획일화된 성형보다는 다이어트나 이미지 변화 등 다른 방법을 찾아보는 것이 좋다.

Q: 대회에서 지정한 협찬사를 꼭 이용해야 하나요?

A: 일부 대회들은 대회에서 지정한 메이크업 숍이나 드레스숍이 있다. 가능한 주관사에서 지정한 곳을 이용하기를 권장한다. 이런 곳들은 협찬사 권한으로 심사위원으로 초대될 가능성이 높다. 또한 지정 숍을 이용하지 않았을 때 불이익이 있는 대회들도 있다. 최대한 지정 숍을 이용하자. 간혹 불이익을 감수하고라도 다른 곳을 이용하는 후보들도 있는데, 선택 여부는 온전히 개인의 몫이다.

Q: 미인대회 스펙이 정말 취업이나 다방면으로 도움이 되나요?

A: 간혹 미인대회 출전과 수상이 딱히 도움이 되지 않는다고 주장하는 사람들이 있지만 그 말에 동의하지 않는다. 물론 미인대회 타이틀만으로 100퍼센트 취업이 된다거나 유리한 대우를 받는 것은 절대 아니다. 하지만 검증을 받은 사람이라는 인정과 함께 관심을 받을 수 있다는 것은 사실이다. 이런 스펙을 선호하는 직군 또한 분명히 존재한다.

Q: 들리는 소문처럼 후보자들끼리 싸우거나 따돌리는 경우가 있나요?

A: 대부분은 출전자들끼리 즐기며 우호적인 분위기지만, 대회가 진행되면서 예민해진 나머지 가벼운 다툼이 발생하기도 한다. 또 아주 간혹 분란을 조장하는 후보들이 있다. 상대방에 대한 비방을 하거나 시기와 질투를 한 나머지 무대의상을 없애 버리거나 소품을 숨기는 상황도 실제로 발생한다. 이런 후보들과는 적당한 거리를 두고, 구설수에 휘말리지 않을 것을 당부한다.

Q: 정말 미인대회에 비리가 있나요?

A: 과거에는 비리가 있었다. 실제로 관계자들이 나누는 이야기를 듣기도 했고, 눈앞에서 비리의 현장을 목격한 경험도 있다. 심사를 하러 참석한 대회에서 본인의 딸이 몇 번 후보이니 잘 봐달라며 슬며시 말을 건네는 분도 계셨다. 하지만 최근에는 공정함을 추구하는 대회가 더 많다. 분명한 것은 나처럼 가진 것 없는 사람도 노력으로 다관왕이 될 수 있는 것처럼, 본인의 실력이 뒷받침된다면 그 여부는 크게 중요치 않다는 점이다.

Q: 학벌이 많이 중요한가요?

A: 흔히들 미인대회 출전자들은 학벌이 좋을 것이라고 생각하지만, 생각 외로 그렇지 않은 경우도 많다. 학벌이 좋은 후보도 있고 평범한 후보도 있다. 이들의 결과도 제각각이다. 학벌이 좋다고 해서 무조건 좋은 결과를 가져가는 것도 아니다. 학벌이 아무리 좋아도 스피치, 매너, 스타일링 등 전반적으로 준비가 부족한 후보라면 좋은 학벌은 크게 도움이 되지 않는다. 요즘은 학벌을 아예 기재하지 않는 대회들도 있다. 단, 대회 측에서 학벌의 기준을 두었다면 최소 그 기준에는 부합되어야 한다.

Q: 작년에 탈락하고 같은 대회에 재출전하는 것이 가능한가요?

A: 가능하다. 보통 일반적인 대회의 경우 탈락자가 재출전하는 것에 제약을 크

게 두지는 않는다. 하지만 순위권 수상을 했거나(진, 선, 미) 주관사가 재출전에 제한을 두었다면 출전이 불가능한 경우도 있다.

Q: 한국 국적이 아닌데 출전이 가능한가요?

A: 국적이 한국인 사람만이 출전할 수 있는 대회가 있고, 국적에 제한을 두지 않는 대회도 있다. 또한 자격이 복합적인 대회도 있다. 미스코리아의 경우 '대한민국 국적을 가진 미혼 여성', '해외지역 지원자에 한하여, 부모님 중 한 명이 한국인이면 본인의 국적과 상관없이 출전 지원 가능'(2020년 기준)이라고 명시되어 있다. 이 또한 대회마다 기준이 다르므로 주관사에 직접 문의하는 것이 가장 확실하다.

Q: 혼혈인데 출전이 가능한가요?

A: 이 또한 대회마다 자격 요건이 다르지만, 혼혈이라고 해서 특별히 제한을 두는 경우는 흔치 않다. 하지만 한국 국적이 아닐 시에는 출전 제한이 생길 수도 있다.

Q: 몸매가 통통한 편인데 마른 몸매만 수상을 하나요?

A: 그렇지 않다. 몸매로 인한 출전 제약은 없다. 과거에는 여리여리한 마른 체형을 선호했다면 요즘은 탄력 있고 건강한 글래머러스형 체형을 선호하는 추세다. 도리어 너무 마른 몸매를 가진 출전자들에게는 적당한 체중 증가를 권하기도 한다. 하지만 누가 봐도 뚱뚱해 보일 정도로 관리가 되지 않은 몸이라면 다이어트와 체형 관리는 당연히 필요하다.

Q: 저는 주부입니다. 주부들도 많이 출전하나요?

A: 물론이다. 과거에는 미인대회가 미혼들의 특전으로 여겨졌다면, 요즘은 기혼 여성들의 출전도 상당히 많다. 대회 관련 문의를 해오거나 수업을 진행하는

분들도 미혼과 기혼의 비율이 거의 반반 정도다. 주부라고 해서 출전을 고민하거나 주저하지 않아도 된다.

Q: 반영구 문신 시술을 해도 되나요?

A: 심사 기준이 엄격한 대회에서는 감점의 대상이 되기도 한다. 실제로 한 대회에 참가했을 때 노메이크업 심사가 이루어졌는데, 공정함을 위해 관계자들이 반영구 여부를 직접 체크 한 뒤 심사위원들에게 명단을 넘겼다. 체크가 된 후보들은 일정 부분의 감점이 있었다고 한다. 보통 대부분의 대회에서는 크게 문제가 되지 않기 때문에 반영구 시술로 인한 불이익 여부는 대회 주관사에 직접 문의하는 것이 가장 확실하다.

Q: 용품을 저렴하게 구입할 수 있는 방법이 있나요?

A: 액세서리나 의상, 대회에 필요한 각종 용품은 보통 인터넷으로 구입이 가능하다. 특히 해외 직구 사이트를 이용하면 국내에서 구입하는 가격의 절반 정도의 훨씬 저렴한 가격으로 준비할 수 있다. 다만 배송 기간이 조금 길다는 단점이 있어 한 달 이상의 시간적 여유가 있는 사람들에게 추천한다.

Q: 주변에서 미인대회에 나간다고 하니 성 상품화 얘기를 하며 부정적으로 생각해요. 어떻게 생각하세요?

A: 미인대회를 부정적으로 본다는 것 자체에 늘 의문이 있다. 세상 모든 것은 양면성이 존재한다. 빛과 어둠이 공존하듯이 어떤 기준을 적용하느냐에 따라 보는 시각은 달라진다.

여성을 무대 위에 세우고 외형적인 것을 평가하는 것이 성 상품화라는 논리인데, 그렇다면 비슷한 다른 경우로 예를 들어보자. 피트니스 대회에 참가하는 분들은 어떤가? 그들도 몸을 드러내는 옷을 입고 신체를 보여주는 포즈를 취하며 점수를 얻는데, 그들에게는 왜 성 상품화라는 잣대를 들이대지 않는 것인가?

근육을 만드는 것은 개인의 노력이다. 식단 조절을 하며 근육을 만들고 관리하는 것은 결코 쉬운 일이 아니다. 그렇다면 노력으로 자신을 가꾸고 미인대회에 출전한 사람들도 그렇게 평가할 수는 없을까?

단순히 얼굴과 몸매만 따지자면 선천적으로 타고나는 것이 크겠지만, 본문에서도 수차례 언급한 것처럼 요즘은 외모와 몸매만으로 수상하는 시대가 아니다. 지식 수준, 인성, 교양 등 한 사람이 가진 모든 면모를 두루두루 평가한다. 그 다양한 면모를 채우기 위해서는 개인의 피나는 노력이 필요하다. 그 노력을 배제하고 '미'라는 기준의 초점을 단순히 '성'에만 두어서는 안 된다. 유독 미인대회에만 엄격한 그 잣대의 기준을 조금 다른 방향으로 생각해볼 수는 없을까?

세계대회 준비는
이렇게 하라

세계대회에 출전하는 후보는 한국을 대표하는 인물로 세계무대에 서는 것이기 때문에 그 자체만으로 영광스러운 일이다. 또한 전 세계의 친구들을 만나 추억을 만들 수 있는 좋은 기회이니 얼마나 값진 경험인가.

해외에서 오랜 시간을 보내는 만큼 철저한 준비가 필요하다. 개인적으로 준비하는 것 보다는 주관사와 관련 내용을 협의하고 충분한 피드백을 주고받자. 의상 및 관련 준비물은 협찬사의 도움을 적극 활용하는 것이 좋다. 그리고 관련 서류를 체크하는 것도 필수다.

세계대회는 해외로 나가는 것이기 때문에 2~4주 정도의 일정이 소요된다. 혼자 참가할 수도 있고, 디렉터나 통역사와 함께 참가할 수도 있다. 관련된 비용은 주관사마다 다르기 때문에 상황에 맞게 조율하면 된다.

먼저 프로필 사진을 촬영해야 하는데, 대회마다 요구하는 프로필 사진의 양식이 있다. 특정 컬러의 의상이나 드레스를 입고 프로필 촬영을 해야 하기도 한다.

대회에 따라 사전에 자기소개 영상을 제출해야 하는 경우도 있다. 안내사항을 꼼꼼하게 확인하고 준비에 소홀함이 없도록 하자.

의상은 드레스, 원피스, 전통의상 등 준비해야 하는 종류가 많다. 최대한 다양한 의상들을 준비해 다채로운 느낌을 보여주자. 전통의상은 장신구와 소품까지 준비해야 하므로 특히 신경 써야 할 부분이다. 메이크업 아티스트와 함께 가지 않는 이상, 직접 헤어와 메이크업을 해야 한다. 헤어와 메이크업에 서툴다면 출국 전 관련 교육을 받고 가길 권장한다.

장기 자랑 준비도 필수다. 보통 각국의 전통춤이나 악기를 활용한 장기 자랑을 선보이기 때문에 한국무용이나 전통악기로 장기 자랑을 선택하는 것을 추천한다. 만약 준비된 장기 자랑이 없다면 작품 한두 가지 정도만 단시간 내에 배우도록 하자.

세계대회인 만큼 영어를 유창하게 하는 후보자가 유리하다. 자기소개나 질의응답에서 영어를 자유자재로 구사하면 글로벌한 인재라는 느낌과 함께 자신의 생각과 표현하고자 하는 것들을 어필할 수 있다. 질의응답은 국내 대회에서 주어지는 질문과 크게 다르지 않지만, 세계대회인 만큼 국제적인 이슈에 관한 질문을 할 가능성도 있다. 관련 내용들도 공부하도록 하자. 합숙 시 필요한 영어와 자기소개, 대회에 관련된 내용 정도의 기본적인 영어 정도는 숙지하는 것이 필수다.

마지막으로 한국을 대표한다는 사명감을 가지고 적극적이고 활동적인 태도로 임해야 한다는 것을 명심하자.

북큐레이션 • 원하는 곳에서 꿈꾸고, 가슴 뛰는 삶을 살고 싶은 여성이 읽어야 할 책

《나는 오늘도 왕관을 쓴다》와 함께 읽으면 좋은 책. 진정한 나다움을 발견하고 인생을 멋지게 브랜딩 하길 원하는 당신을 응원합니다.

멋지게 나이 먹는 방법 수록

우먼 그레이

변춘애 지음 | 14,800원

어서 와, 이 나이는 처음이지?
멋지게 사는 60대 춘애 언니의 라이프 스타일!

'청년기에는 이래야 돼', '노년기에는 이래야 돼'라는 의미가 퇴색한 지 오래다. 결혼 적령기, 출산 적령기, 퇴직 적령기와 같이 통과 의례라고 생각했던 일들의 경계가 희미하다. 그 경계에서 자신만의 라이프 스타일을 멋지게 살아가는 사람이 있다! 빨간 안경, 짧은 단발머리, 지나가다 마주치면 한번쯤 눈이 돌아갈 만한 화려한 옷차림까지! 우리가 생각하는 60대의 모습과는 확연히 다르다. 그렇게 춘애 언니의 매력에 한번 빠지면 헤어 나올 수 없다. 우연을 기회로 잡는 방법을 춘애 언니의 삶에서 찾아보자!

인생의 판을 바꾸는 67가지 방법

열정의 힘

재클린 최 지음 | 15,000원

인생의 판을 뒤집는 경험을 배우고,
삶의 지혜를 더하는 통찰을 얻어라!

세상에는 두 부류의 사람이 있다. 상처에 굴복하여 웅크리는 사람과 역경을 딛고 용기 내서 세상에 부딪치는 사람. 삶의 주도권을 잡는 이들은 상처를 딛고 일어서 자기 길을 찾는 사람들이다. 저자는 이 같은 삶의 태도를 결정하는 것이 '열정'이며, 이런 태도를 가능하게 하는 에너지가 바로 '열정의 힘'이라고 단언한다. 예술경영자, 음악감독, 음악기획자, 평론가, 칼럼니스트, 매거진 발행인 등 자신의 영역을 끊임없이 확장하고 있는 저자가 '열정 파워'로 삶의 통찰을 얻은 비법을 소개한다.

미안하지만 미안해하지 않을래

양지선 지음 | 13,000원

선입견을 깨는 것부터 재능을 살린 일 찾기까지
경력 단절 여성이 준비해야 할 모든 것

무슨 일을 해야 할지, 이력서는 어떻게 채워야 할지, 면접에서 곤란한 질문은 받지 않을지, 직장에 적응은 잘할 수 있을지…. 항상 옆에 있던 엄마가 없으면 아이가 하루 종일 울지나 않을지, 입사한 지 얼마 안 됐는데 아이가 아프기라도 하면 어떻게 할지…. 걱정되고 아이에게 미안하기만 하다. 이 책은 다시 일을 시작하려는 경력 단절 여성의 마음을 달래주고 사회에 돌아가는 데 실질적인 도움을 주는 내용을 담고 있다. 자신의 경험담을 바탕으로 워킹맘의 고충, 경력단절 여성의 두려움 등을 읽어주고 어떻게 헤쳐나가면 좋은지 방향을 잡아준다.

**다시 일을
시작하려는
여성을 위한
안내서**

멋진 어른 여자

박미이 지음 | 13,800원

남들이 하는 대로 하지 않아도
멋진 어른 여자가 될 수 있다!

요즘 20대를 중심으로 소확행과 워라밸이 유행이다. 무라카미 하루키가 처음 말한 소확행, '내가 원하는 일을 하면서 즐겁게 사는 삶'이나 일과 삶의 균형을 중시하는 워라밸은 경쟁에 지친 현대인들에게 새로운 삶의 방식으로 자리 잡고 있다. 소확행, 워라밸의 삶을 꿈꾸는 20대에게 이 책은 좋아하는 일을 선택해 '나답게' 사는 방법을 소개한다. 내가 진짜 원하는 것을 찾는 법, 두려움 없이 그것을 선택하는 법, 좋아하는 일로 돈을 버는 법, 결정한 것을 후회하지 않고 꾸준히 해 나가는 법 등을 저자의 경험을 통해 쉽게 이해할 수 있도록 알려준다.

**나답게 살아가는
방법 안내**